UN GHID AUTENTIC DE MEDITAȚIE

Shar Khentrul Jamphel Lodrö

Tradus în limba română de Dalina Georgescu

Dzokden

Autor: Shar Khentrul Jamphel Lodrö
Editor englez: Adrian Hekel
Traducător român: Dalina Georgescu
Editor român: Gabriela Ştefănescu

Prima ediție

ISBN: 978-1-961659-68-1 (volum broșat)
ISBN: 978-1-961659-69-8 (ePub)

Publicat:
DZOKDEN

Această lucrare a fost produsă de Dzokden, o organizaţie non-profit ce este operată în întregime de către voluntari. Dzokden este dedicată propagării unei viziuni non-sectare asupra tuturor tradiţiilor spirituale ale lumii şi predării budismului într-un mod complet autentic, dar în acelaşi timp într-un mod practic şi accesibil culturii occidentale. Este dedicată în special răspândirii tradiţiei Jonang, o nestemată rară dintr-o zonă îndepărtată a Tibetului, care păstrează învăţăturile preţioase Kalachakra.

Pentru mai multe informaţii despre activităţile programate sau despre materialele disponibile, sau dacă doriţi să faceţi o donaţie, vă rugăm să ne contactaţi:

Dzokden
3436 Divisadero Street
San Francisco, CA 94123 USA
www.dzokden.org
office@dzokden.org

CUPRINS

Scrisoare din partea autorulu

Instrucţiunile de meditaţie din această carte nu sunt un text pe care să-l citeşti de câteva ori şi apoi să-l laşi deoparte. A te familiariza cu ele şi a-ţi face un obiectiv din a le practica pe tot parcursul vieţii poate avea o valoare incredibilă. Dacă te dedici să pui în practică aceste instrucţiuni, viaţa ta va avea un sens şi un scop deosebit. Puţină practică nu te va conduce, totuşi, la vreo realizare, în afară de cazul în care ai un grad excepţional de abilităţi spirituale înnăscute. La fel cum un acrobat nu poate face cascadorii de când se naşte şi are nevoie să exerseze continuu, meditaţia trebuie practicată din nou şi din nou. În mod normal, ai nevoie de multă perseverenţă, angajament şi înţelepciune, precum şi de îndrumarea pricepută a profesorilor sau a prietenilor spirituali. După un timp, practica va deveni o a doua natură pentru tine şi nu va mai fi nevoie să depui atât de mult efort. Atunci ea va fi o sursă de bucurie şi de înţeles profund.

Dacă nu te poţi conecta cu idei cum sunt iluminarea sau stările jhana ale conştiinţei, aminteşte-ţi că scopul esenţial al practicii budiste este să fii mereu conştient de conduita ta şi să îţi păstrezi bunăvoinţa în orice situaţie. Din acest punct de vedere, meditaţia este o metodă importantă pentru a te obişnui cu sentimentele de iubire şi compasiune, pe care ar trebui să încerci să le dezvolţi în permanenţă. Oricine eşti şi orice faci, cu siguranţă acest lucru îţi va folosi enorm.

Shar Khentrul Rinpoche Jamphel Lodrö
Belgrave, Australia

*Buddha Shakyamuni meditând sub copacul Bodhi - "Iluminarea", pictură murală din templu, Bodhgaya, India, © van kunstenaar, Marianna Rydvald www.dakiniunlimited.com * www.dakiniart.com*

Introducere

În zilele noastre practica meditației începe să devină tot mai populară, fiind recunoscută ca o parte importantă a unui stil de viață sănătos și ca un aspect esențial al multor tradiții spirituale. Deoarece a învăța să meditezi corect poate aduce multe beneficii, am considerat că o astfel de carte poate fi de ajutor pentru a prezenta calea meditației într-un mod autentic și accesibil în același timp.

În primul rând, cred că acest material este autentic pentru că se bazează pe învățăturile budiste tradiționale, care au fost testate timp de peste două mii de ani. Urmând aceste instrucțiuni, nenumărați meditatori au reușit să descopere adevărata natură a realității și și-au transformat complet viața. Aceste învățături, pe care le numim însă „budiste" pentru a arăta că provin dintr-o sursă autentică, oferă o abordare practică și pot fi de folos oricui, indiferent de rasă sau religie.

Am încercat să fac acest material accesibil, minimizând folosirea cuvintelor și a expresiilor greu de înțeles și făcând referire la o diversitate de surse moderne. Am urmărit să sintetizez mai multe metode de meditație care nu numai că au fost eficiente în timpul lui Buddha, dar sunt folosite cu un succes considerabil și de către profesorii din zilele noastre.

Speranța mea este că această carte te va ghida să găsești un tip de meditație care, oricând vei dori, să te aducă „acasă", într-un spațiu al clarității calme în care să-ți găsești pacea și să-ți regenerezi energia, sau din care să te angajezi eficient în lume și să te miști cu grație printre valurile vieții. Mai presus de toate, sper că această carte să fie o „punte" către iluminare, indiferent dacă urmezi o cale budistă sau orice altă tradiție spirituală autentică. Pe cei care sunt interesați în mod deosebit de calea budistă, îi încurajez călduros să exploreze referinţele de la sfârşitul acestei cărţi, în special seria de trei volume *Dezvăluirea adevărului vostru sacru.*

SUCCES!

CAPITOLUL 1

PRELIMINARII

I. DE CE ESTE IMPORTANT SĂ MEDITĂM?

Cu toții avem un potențial nelimitat de a ne dezvolta mintea, deși, în prezent, aceasta este perturbată de moleșeală, distragere și emoții necontrolate, precum și de potențialul ca aceste stări să apară. Meditația poate să purifice și să ne rafineze mintea. La un anumit nivel, ea poate să ne conducă la o viață mai eficientă, echilibrată, calmă și liniștită. La un nivel mai profund, ne poate ajuta să dezvoltăm o forță puternică a minții și concentrarea. Dacă suntem capabili să renunțăm la atașamentele față de interesele lumești și să dezvoltăm măreața compasiune, ea ne poate conduce să descoperim natura noastră iluminată.

Trebuie să ne amintim că meditația dezvoltă conștiința non-fizică a minții. În zilele noastre, începem să înțelegem că fenomenele mentale apar dintr-o dimensiune ascunsă a realității, care este mult mai profundă decât separarea dintre minte și materie. Este vorba despre ceea ce budiștii consideră că este *mintea subtilă*, descoperită în mod direct de către mulți meditatori. Spre deosebire de cele cinci conștiințe senzoriale care depind de anumite organe fizice, mintea subtilă poate fi antrenată în moduri nelimitate. De aceea, practica meditației poate duce la obținerea unor rezultate extraordinare dacă suntem perseverenți.

S-ar putea să te întrebi ce beneficii poate aduce meditația în viața de zi cu zi. Calitatea vieții tale depinde în primul rând de felul în care percepi lucrurile și cum reacționezi la ele, iar acest lucru este determinat de calitatea atenției tale conștiente, care poate fi îmbunătățită prin practica meditației. Astfel, vei putea să înveți să abordezi viața dintr-un spațiu mai calm și cu o mai mare claritate și înțelegere. Meditația te poate ajuta să te simți prezent, ancorat și conectat la toate experiențele tale. În loc să fii captiv în comportamentul reactiv față de evenimente exterioare, te poți situa într-o poziție mai bună, din care să înțelegi lucrurile așa cum sunt, și să răspunzi într-un mod înțelept, cu răbdare și bunătate față de tine și față de ceilalți. Astfel, vei putea descoperi o libertate interioară din care să poți alege în ce fel să răspunzi, în loc să reacționezi, să opui rezistență sau să cauți să-ți distragi atenția.

Meditația are multe beneficii și în ceea ce privește sănătatea, printre acestea numărându-se capacitatea sporită de adaptare, memoria mai bună, eficiență mai mare, somn mai bun, capacitate sporită de relaxare, mai puțină anxietate și depresie și diminuarea durerii cronice (întrucât poți să înveți să fii conștient de durere, fără să te adâncești în ea). Meditația poate totodată să ducă la reducerea tensiunii arteriale și a ritmului cardiac, la îmbunătățirea funcției imunitare și să ajute într-o gamă largă de afecțiuni fizice, inclusiv în cazul diabetului, al cancerului sau al bolilor de inimă.

Cu toate acestea, cel mai mare beneficiu al practicii autentice de meditație este că ea este cheia care deschide poarta către iluminare sau către dezvoltarea măreței înțelepciuni și a compasiunii. Acest lucru poate să pară un concept „bizar", dar dacă dezvolți cu adevărat abilitatea de a medita, vei vedea viața dintr-o perspectivă complet nouă și vei aprecia prețioasa oportunitate oferită de această viață: descoperirea adevărului realității tale. Dacă pornești cu sinceritate în această călătorie, fără îndoială vei găsi în viața ta și multe alte beneficii.

Voi începe această carte prin a defini meditația și voi continua cu o scurtă prezentare a căii meditației și a modului în care se alege un obiect de meditație adecvat. Voi descrie apoi metoda de meditație propriu-zisă, începând cu pregătirea corectă a mediului extern și intern. Apoi, folosind ca exemplu atenția conștientă asupra respirației, vom parcurge diferitele etape ale meditației care conduc la concentrarea perfectă într-un singur punct. Voi continua cu o sinteză a obstacolelor în calea meditației și a antidoturilor acestora, urmată de instrucțiuni referitoare la modul în care ne angajăm în meditația analitică și de descrierea mai multor practici meditative avansate.

II. CE ESTE MEDITAȚIA?

Cuvântul „meditație" este foarte cunoscut în întreaga lume. Totuși, sensul lui este adesea limitat, înțeles greșit și prezentat într-un mod oarecum simplist, cel puțin din punctul de vedere al budismului. Înțelesul meditației este vast precum oceanul și cuprinde o comoară de abilități și metode. În această etapă nu este necesar să înțelegi numeroasele sale semnificații, dar este vital să dezvolți o viziune corectă asupra meditației și să înțelegi punctele esențiale.

În primul rând, cuvântul tibetan pentru meditație este *gom*, care înseamnă atât „familiaritate", cât și procesul de „a se familiariza cu". Din perspectiva budistă, aceasta înseamnă să înveți să recunoști și să te obișnuiești cu o viziune a realității care reflectă adevărata natură a experienței tale și astfel să-ți dezvolți înțelepciunea și compasiunea. Practicând meditația în acest fel, te vei obișnui cu un sens mai corect despre cine ești, iar pe măsură ce concentrarea ta se dezvoltă, această perspectivă va deveni mai solidă și mai stabilă și parte a realității pe care o trăiești, nu doar un concept intelectual.

La un nivel de bază, ne putem gândi la meditație ca la un *instrument* de obținere a bunăstării emoționale și mentale și pentru atingerea echilibrului în viața noastră. În lumea modernă purtăm adesea multă tensiune în corpurile noastre, mânați de obișnuința de a gândi compulsiv și de o cultură care ne încurajează să acționăm permanent în scopul obținerii

Călugăr prezentând postura de meditație în șapte puncte
a lui Vairochana

de cât mai multe realizări. Prin urmare, meditația poate fi un instrument de a *„coborî cu grație”* și de a redescoperi un punct de echilibru în care să poți să alegi să stai liniștit și să îți refaci energia. După ce găsești acest punct de echilibru, vei putea să fii mai eficient și să ai mintea mai limpede atunci când vine timpul să te miști și să acționezi în lume, la locul de muncă sau în cadrul familiei. Este ca atunci când știi unde se află plaja și te-ai putea întoarce la ea oricând dorești, în timp ce înoți în oceanul vieții și întâlnești condiții care uneori sunt calme și alteori furtunoase. Sau îți poți imagina o geantă pe care o porți cu tine. La început este destul de ușoară, dar purtând-o multe ore în aceeași mână, ea devine tot mai grea cu fiecare minut care trece. La fel se întâmplă și cu tensiunea pe care o porți cu tine - toate poveștile, fricile, îngrijorările, stresul și responsabilitățile tale. Meditația îți permite să lași jos geanta și apoi să o ridici din nou, cu mai multă ușurință, energie și claritate.

Există două categorii generale de meditații: *shamatha* (care înseamnă „a rămâne liniștit”) și *vipasyana* (care înseamnă „vederea clară”). Shamatha, meditația de plasare, se referă la tehnica de meditație într-un singur punct, în care îți concentrezi atenția asupra unui singur obiect pentru a te „obișnui” cu el, unificându-ți și concentrându-ți mintea, care devine astfel mult mai stabilă decât mintea obișnuită. Aceasta descrie, de asemenea, starea de beatitudine și lipsită de distragere a minții care este rezultatul practicării shamatha. Vipasyana, meditația de pătrundere, pune accentul pe înțelegerea profundă a adevăratei naturi a minții și a fenomenelor.

Dacă ne gândim la o lumânare, shamatha se aseamănă cu stabilitatea flăcării, iar vipasyana cu strălucirea ei. Pentru a vedea clar o imagine, ai nevoie de o flacără care să fie atât stabilă, cât și strălucitoare. La fel, pentru a descoperi natura adevărată a experienței tale, ai nevoie de o minte care să fie calmă și limpede. Acest lucru nu înseamnă însă că shamatha și vipasyana sunt complet separate. Mulți maeștri aseamănă cele două metode cu cele două capete ale unui băț sau cu cele două fețe ale unei mâini. Cu cât dezvolți mai mult calmul și concentrarea, cu atât ai mai multe șanse să dezvolți înțelegerea profundă. Cu cât dezvolți mai mult înțelegerea profundă, cu atât minții îi este mai ușor să fie concentrată și calmă. Pentru a elimina complet emoțiile negative și stările mentale distructive, este necesar, totuși, ca amândouă categoriile să fie prezente. Aceasta este starea cunoscută sub numele de *uniunea* dintre shamatha și vipasyana.

Toate practicile meditative utilizează aceeași structură de bază:

1. liniștește-ți corpul;
2. concentrează-te asupra obiectului pe care l-ai ales;
3. când apar gânduri sau senzații, doar privește-le și fii conștient de ele; și
4. adu-ți cu blândețe mintea înapoi asupra obiectului.

Meditația shamatha pune accentul pe a doua etapă, când te antrenezi să devii atât de obișnuit cu o minte stabilă și atât de familiarizat cu un obiect, încât gândurile care te distrag devin din ce în ce mai subtile și, în cele din urmă, încetează să mai apară. Meditația de pătrundere pune accentul în special pe a treia etapă, în care înveți să urmărești gândurile și sentimentele cu deplină conștientizare, sau să le examinezi natura. Indiferent de metodă, este esențial să nu încerci să „blochezi" gândurile și sentimentele, ci mai degrabă să fii conștient de ele și să îți aduci cu blândețe mintea înapoi la obiectul de meditație.

Acești patru pași conțin, de asemenea, trei calități esențiale, pe care le dezvolți treptat, pe măsură ce înveți să meditezi. Prima este *relaxarea*, prin care corpul învață să elibereze toate tensiunile sale recurente, rezultând un sentiment de „spațialitate". A doua este *atenția conștientă* sau absorbția minții în obiectul de meditație, astfel încât mintea devine „plină" de obiect. A treia calitate este *conștientizarea* sau *vigilența*, care se referă la acel aspect al minții care acționează precum un paznic vigilent care verifică dacă ai sau nu atenția conștientă, făcând obiectul să fie tot mai clar. De asemenea, această calitate este cea care te atenționează dacă aluneci în stări de plictiseală, moleşeală, agitaţie sau dacă apar alte obstacole şi menţine o stare de conştientizare receptivă a obiectelor din fundal, cum ar fi imaginile şi sunetele. Aceste trei calităţi sunt asemenea rădăcinii, trunchiului şi frunzelor unui copac. Pe măsură ce practica ta se dezvoltă, rădăcinile relaxării merg mai adânc, trunchiul atenţiei conştiente devine mai puternic şi frunzişul vigilenţei creşte tot mai bogat.

III. PREZENTARE GENERALĂ A CĂII DE MEDITAŢIE

Adoptarea practicii meditaţiei începe când îţi clarifici motivaţia şi dobândeşti o înţelegere filosofică asupra destinaţiei către care te poate duce această practică. Este, de asemenea, de ajutor să îţi clădeşti în viaţă o bază solidă de moralitate, disciplină şi echilibru. Pentru unii oameni, acesta poate însemna să îşi simplifice viaţa pentru a face loc practicii de meditaţie, iar pentru alţii poate însemna implicarea mai activă în viaţă. Alţii pot chiar să aleagă să intre într-o mănăstire sau să adere la un set specific de precepte. Această disciplină de bază te ajută să îţi dezvolţi atenţia conştientă în viaţa de zi cu zi. Motivaţia cu care te angajezi în practica meditaţiei poate fi să obţii un câştig în această viaţă, să atingi eliberarea de suferinţă sau să realizezi iluminarea completă pentru beneficiul tuturor fiinţelor. Toate aceste motivaţii sunt valide şi nu se poate spune că una este mai bună decât celelalte. Cu toate acestea, o motivaţie mai amplă poate să aducă mai multe beneficii.

În general, începe prin a alege un obiect de meditaţie potrivit (poate să fie un obiect sau mai multe) şi angajează-te în meditaţia de concentrare într-un singur punct, pentru a atinge *mintea shamatha*. Vei avansa gradual prin cele nouă stări ale atenţiei care conduc la o stare stabilă de pace şi concentrare perfectă şi care poate fi îndreptată asupra oricărui obiect pe care îl alegi. Cei care obţin shamatha sunt liberi de emoţii şi capabili să rămână într-o stare de pace mentală pentru o perioadă îndelungată. Această meditaţie este comună atât tradiţiilor budiste cât

*Cele trei calități esențiale din meditație: relaxarea,
atenția conștientă, conștientizarea sau vigilența*

şi celor non-budiste. Dacă înregistrezi un anumit progres în atingerea concentrării într-un singur punct, vei descoperi stări profunde de calm în timpul meditaţiei şi vei observa multe beneficii în viaţa ta de zi cu zi.

Dacă nu te ataşezi de această stare de linişte a minţii şi ai curajul şi perseverenţa de a merge mai departe, vei ajunge într-un stadiu în care eşti foarte motivat să continui să practici, inspirat fiind de multe experienţe extatice şi pline de pace, ceea ce poate duce la atingerea unor stări de concentrare extrem de rafinate, cunoscute sub numele de *jhana*. Acestea sunt stări ale minţii de absorbţie deplină, incredibil de extatice, în timpul cărora nu eşti deloc conştient de realitatea exterioară.

Rezultatul meditaţiilor shamatha sau *jhana* poate fi o realizare lumească sau „samsarică", adică nu conduce, în cele din urmă, la eliberarea de suferinţă. Pe de altă parte, cel puţin din punct de vedere budist, această realizare poate fi îndreptată către iluminare, dacă ai o motivaţie corectă şi înţelepciune. Din această perspectivă, shamatha nu este scopul final, ci mai degrabă un pas esenţial în descoperirea adevăratei înţelegeri profunde a naturii experienţei tale. Atunci este cu adevărat posibil să depăşeşti toate emoţiile negative şi stările mentale distructive şi să obţii eliberarea perfectă şi de durată din experienţa suferinţei.

Unii oameni dezvoltă mai întâi mintea liniştită shamatha şi apoi înţelegerea profundă, în timp ce alţii dezvoltă la început înţelegerea profundă şi ulterior stabilitatea meditativă. Unii dezvoltă calmul şi înţelegerea profundă în acelaşi timp, în timp ce alţii au nevoie de multă perseverenţă pentru a putea să-şi liniştească mintea şi să cultive calea.

IV. ALEGEREA UNUI OBIECT DE MEDITAŢIE

Pentru a găsi o cale de meditaţie care să ţi se potrivească, este esenţial să găseşti unul sau mai multe obiecte de meditaţie adecvate tipului tău de personalitate. Ideal ar fi un obiect de care să te îndrăgosteşti. Poţi să alegi obiectul bazându-te pe experienţa sau preferinţele tale, sau poate fi un obiect de meditaţie recomandat de un învăţător. De obicei, un anumit obiect este ales ca să te ajute să depăşeşti o anumită slăbiciune, sau pentru că îţi întăreşte punctele forte. De exemplu, dacă te enervezi uşor, contemplarea bunătăţii iubitoare poate să fie un obiect potrivit, întrucât serveşte drept antidot pentru furie. Dacă ai o personalitate *emoţională*, poţi să fi atras de bunătatea iubitoare sau de practicile devoţionale dintr-un motiv diferit, deoarece acest tip de obiect se potriveşte cu personalitatea ta. Similar, *tipologiile intelectuale* pot fi atrase de formele analitice de meditaţie, în timp ce *tipologiile senzitive* pot beneficia de tehnicile care pun accentul pe atenţia conştientă asupra corpului sau pe conştientizarea senzorială.

Atunci când meditezi pentru a realiza concentrarea într-un singur punct, pe măsură ce concentrarea se îmbunătăţeşte, poţi să alegi un obiect care este din ce în ce mai subtil. La început, este potrivit un obiect în mişcare, cum ar fi păşitul lent sau respiraţia, dar dincolo de un anumit punct este mai bine să te concentrezi asupra unui obiect stabil, care nu se mişcă, de exemplu o imagine sacră sau o vizualizare mentală.

Conform budismului Mahayana şi Vajrayana, există un număr infinit de obiecte de meditaţie ce pot fi folosite pentru a dezvolta concentrarea într-un singur punct, potrivite diferitelor tipuri de fiinţe. Învăţăturile Theravada descriu însă patruzeci de obiecte de contemplare diferite, potrivite persoanelor cu temperamente diferite.

Aproape toate obiectele de meditaţie pot fi împărţite în opt categorii:

1. Meditaţii asupra respiraţiei (respiraţie spontană şi respiraţie controlată).
2. Vizualizări mentale (de exemplu imaginea lui Buddha sau obiecte vizuale - *kasina* - care reprezintă cele patru elemente şi cele patru culori).
3. Meditaţii cu mantre (în care un sunet sau un grup de silabe sunt repetate, adesea însoţite de o vizualizare).
4. Meditaţii în mişcare (cum ar fi mersul lent sau yoga).
5. Meditaţia asupra centrilor energetici (chakre).

6. Meditații *jhana* (stări foarte subtile de absorbție meditativă).
7. Meditații analitice (includ alegerea unor subiecte de reflecție pe teme cum sunt impermanența, bunătatea iubitoare, rugăciuni sau practici devoționale, dar și întrebări despre adevărata natură a realității).
8. Meditații de conștientizare deschisă (includ conștientizarea deschisă a conținutului minții sau practica în camera întunecată din Tantra Kalachakra).

Primele șase categorii pun accentul pe dezvoltarea concentrării într-un singur punct, în timp ce ultimele două categorii pun accentul pe înțelegerea profundă. Totuși, fiecare categorie poate conduce atât la concentrare, cât și la înțelegerea profundă. De exemplu, practica în camera întunecată din Kalachakra este folosită pentru a realiza shamatha prin concentrarea asupra stării non-conceptuale și, într-un anumit stadiu, aceasta poate conduce la înțelegerea directă a adevăratei naturi a realității.

Dacă mintea ta este perturbată cu precădere de gânduri în exces sau dacă ai un „temperament speculativ" (ceea ce este destul de comun în contextul stilului nostru de viață ocupat și agitat), concentrarea asupra fluxului natural al respirației poate fi un mod eficient de a-ți liniști mintea și de a-ți relaxa corpul. Conștientizarea sentimentelor și a senzațiilor, sau atenția conștientă asupra mișcărilor corpului când mergi încet sau practici yoga, te pot ajuta să ajungi la un grad mai mare de relaxare. Pentru meditația în mișcare, trebuie să te concentrezi intens, în fiecare moment, la mișcarea fiecărui picior și e posibil să dorești să sincronizezi mișcarea cu respirația („inspir conștient de mișcarea piciorului stâng, expir conștient de mișcarea piciorului drept"), sau cu o mantră (cum este *bud-dho* din tradiția thailandeză, unde o silabă este recitată în gând la fiecare pas). Folosirea respirației ca obiect de meditație este descrisă în detaliu în această carte.

*Meditaţia în mişcare presupune atenţia conştientă
asupra mişcărilor corpului*

Dacă emoțiile perturbatoare predominante sunt ura sau furia, atunci bunătatea iubitoare (numită și *metta)* poate fi un bun obiect de meditație. Similar, meditația asupra bucuriei pline de empatie poate fi un obiect potrivit dacă ai o tendință spre gelozie. Pentru a medita asupra bunătății iubitoare, trebuie să recunoști că toate ființele caută fericirea la fel ca tine, și să cultivi dorința ca acestea să găsească fericirea autentică și cauzele ei. Această meditație este baza pentru contemplări mai avansate asupra iubirii și compasiunii din tradiția budistă Mahayana.

Dacă, pe de altă parte, atașamentul sau dorința sunt tulburările tale predominante, o metodă eficientă este să-ți aduci în minte o persoană atractivă și să te gândești la toate elementele neatrăgătoare ale corpului, cum ar fi carnea, oasele, organele interne, puroiul, sângele sau urina. Îți poți aminti, de asemenea, de diferitele stadii ale descompunerii unui cadavru uman, pe care învățăturile Theravada le descriu în nouă stadii cunoscute sub numele de *cele nouă contemplări ale mormântului.* Deși acest lucru poate părea respingător, cei care practică această formă de meditație sunt de multe ori surprinși că experiența lor este mai degrabă extatică, întrucât extazul apare în mod natural odată ce dorința perturbatoare este îndepărtată.

Dacă ai o natură devoțională (tipologie emoțională), obiectele potrivite pot fi să îți amintești de Buddha și de cele Trei Giuvaieruri, de zeități și de virtuți precum generozitatea. Acest lucru poate fi potrivit în special celor care provin din tradiția creștină sau dintr-o altă religie care se bazează pe credință și care sunt atrași de rugăciune sau practici devoționale. Pe de altă parte, pentru cei care au o tipologie intelectuală, obiectele de meditație potrivite includ atenția conștientă asupra morții și a impermanenței, contemplarea corpului ca fiind o colecție de elemente și contemplarea interdependenței. Aceste contemplări pot să fie și un antidot pentru mândrie și aroganță.

O metodă de vizualizare eficientă, care combină mai multe obiecte din cele prezentate anterior, este să devii conștient de faptul că trupul tău provine din perturbări și tendințe karmice și apoi să îl vizualizezi ca pe o colecţie impură de carne, oase, sânge, puroi, excremente şi orice alte caracteristici la care te poţi gândi. În centrul inimii vizualizează o lumină strălucitoare care simbolizează natura ta iluminată şi care radiază uşor în întregul corp. Mintea rămâne concentrată într-un singur punct urmărind lumina fără a fi distrasă şi întregul tău corp devine o lumină strălucitoare indestructibilă. Acest lucru simbolizează purificarea completă şi atingerea treptată a naturii tale iluminate.

Atât timp cât motivaţia ta este pură şi perspectiva ta este corectă, meditaţiile tantrice care presupun vizualizări şi mantre pot să fie un mod foarte eficient de a practica. Acestea sunt potrivite în special celor care au un tip de personalitate *intuitivă*. Meditaţiile care presupun vizualizare şi mantre (cunoscute şi sub numele de *yoga zeităţii* sau *stadiul de generare*), te pot conecta cu un aspect al naturii tale iluminate, iar o anumită zeitate poate să se potrivească în mod special unui anumit temperament. De exemplu, mantra lui Manjushri – OM AH RA PA DZA NA DHI - poate fi folosită pentru a dezvolta înţelepciunea, iar mantra lui Chenrezig - OM MA NI PADME HUNG – pentru evocarea compasiunii. Mantra lui Vajrapani - HUNG VAJRA PHET – poate fi de ajutor pentru a genera putere şi tărie prin compasiune, iar mantra lui Buddha al Medicinei – TAYATA OM BEKANZE BEKANZE MAHA BEKANZE RADZA SAMUDGATE SVAHA – poate fi un sprijin, astfel încât să-i poţi ajuta pe ceilalţi. În sfârşit, prin mantra Tarei Albe – OM TARE TUTARE TURE SVAHA – te poţi conecta cu calităţile feminine, iubirea şi longevitatea. Fiecare dintre aceste practici este asociată cu o vizualizare specifică, ale cărei detalii se găsesc în diferite texte. Oricine are motivaţia corectă poate obţine unele beneficii din recitarea acestor mantre. Totuşi, mantrele sunt mult mai puternice dacă ai primit o iniţiere sau dacă ai studiat un subiect specific.

Centrii energetici sau *chakrele* sunt un alt obiect de meditaţie, deşi, în general, în budism acestea sunt parte a practicilor avansate care, de obicei, necesită finalizarea anumitor preliminarii (cunoscute sub numele de *stadiul de întregire*). Efectuarea acestor practici ca începător este similar cu a clădi o casă fără o fundație solidă și este puțin probabil că îți vor aduce multe beneficii. Unele școli de yoga non-budiste oferă metode puternice de activare a chakrelor, care pot fi foarte eficiente pentru anumite tipuri de personalitate. Totuși, dacă obiectivul tău este iluminarea, trebuie să cercetezi cu atenție care sunt diferențele dintre viziunile budistă și yoghină și să te întrebi care este calea care îți aduce cele mai multe beneficii pe termen lung.

Ultimul aspect se referă la alegerea unui obiect de meditație (sau mai multe) care să te ajute să-ți dezvolți concentrarea, astfel încât să o poți integra în experiența vieții tale cotidiene. De aceea, atenția conștientă asupra momentului prezent, sau conștientizarea deschisă, poate fi o metodă foarte practică, întrucât tot ceea ce experimentezi în viața ta va oglindi experiența meditativă. Munca ta zilnică poate să devină astfel o formă de meditație: adesea te vei găsi într-o stare de „flux" atunci când munca nu este nici prea plictisitoare (ceea ce duce la moleșeală), nici prea provocatoare (ducând la stres și agitație). Chiar Buddha i-a spus odată unei bătrâne care voia să mediteze, să rămână conștientă în fiecare moment de mișcările mâinilor ei în timp ce scoate apă din fântână, iar aceasta a devenit practica ei zilnică.

De-a lungul zilei, vei observa și diferitele cicluri în care anumite obiecte de meditație pot fi mai potrivite decât altele. Dacă ești atent la ciclurile naturale ale corpului tău, vei descoperi că mintea și corpul alternează între perioade de mișcare (sau creștere a energiei) și perioade de nemișcare (sau de refacere a energiei). În timpul perioadelor de mișcare, este mai eficient să folosești obiecte de meditație în care mintea este „direcționată" sau canalizată într-o direcție clară, cum sunt meditația analitică, mantrele sau numărarea respirațiilor. În perioadele de liniște, poți să alegi meditațiile mai „receptive", întrucât mintea este în mod natural mai calmă, deschisă și extatică. Poți chiar să înveți să meditezi în timpul stărilor de vis și de somn profund, iar acest lucru poate să te facă să fii capabil să menții o conștientizare continuă, zi și noapte.

V. CREAREA MEDIULUI POTRIVIT

Pentru a deveni copac, o sămânță are nevoie de numeroase condiții, de un sol fertil, de lumina soarelui și de ploaie. La fel, pentru a antrena mintea în practica meditației avem nevoie de diferite condiții interne și externe. Acestea includ locul potrivit, postura corectă, starea mentală sau atitudinea corectă și practici preliminarii pentru a calma mintea.

(i) Locul potrivit

În primul rând, este util să pregătești un loc care favorizează practica meditației, un loc liniștit, curat, fără dezordine și binecuvântat, în care să nu existe întreruperi sau distrageri. Unele locuri sunt potrivite pentru anumite tipuri de practică: un loc într – o pădure liniștită, de exemplu, poate ajuta la dezvoltarea calmului și concentrării, în timp ce un loc cu o panoramă pitorească poate fi eficient pentru a cultiva înțelegerea profundă. Un loc zgomotos, sau în care se află multe surse de distragere, poate fi un obstacol pentru începători, dar dezvoltarea unei bune practici de meditație, în ciuda acestor provocări, poate contribui la obținerea unor realizări remarcabile.

Când începi să meditezi, cel mai bine este să respecți un program strict și să faci sesiunile de practică în același loc, concentrându-te asupra aceluiași obiect. Durata pe care o petreci în meditație pe parcursul fiecărei practici depinde de abilitatea ta și de starea ta mentală. Cinci până la zece minute pentru o sesiune reprezintă un bun început și este ideal să faci mai multe sesiuni în fiecare zi.

(ii) Postura corectă

Este important să cunoști elementele legate de postură care contribuie cel mai mult la o minte stabilă, deoarece, atât timp cât ești viu, mintea grosieră este asociată temporar cu corpul şi influenţată de acesta. Dezvoltarea mentală, de asemenea, este asociată temporar cu corpul, până când îl laşi în urmă în momentul morţii. În toate practicile budiste, lucrurile materiale sunt privite ca mijloace utile care servesc unui scop de-a lungul acestei vieţi temporare. Corpul este, astfel, asemenea unei bărci, iar meditatorul este precum un călător. Călătorul este dependent de barcă atunci când traversează oceanul, iar fără barcă el poate să se înece, sau să nu reuşească să ajungă la ţărm. Dar atunci când destinaţia este atinsă, barca nu îi mai este de folos.

Poţi să meditezi în timp ce stai aşezat sau eşti întins, în timp ce mergi sau stai în picioare, în sesiuni de meditaţie formale sau informale.

Dacă stai aşezat, ar trebui să foloseşti un scaun confortabil, tapiţat şi cu spătar drept, un taburet de meditaţie sau o pernă. Mâinile se odihnesc împreună fie în poală, fie pe coapse, iar spatele este drept ca o săgeată şi bărbia uşor retrasă. Când stai întins, dacă mintea îţi este agitată, poţi să te întinzi pe spate cu braţele de-o parte şi de alta a corpului şi cu palmele deschise (dacă mintea este moleşită, ar trebui să eviţi această postură). Pentru a susţine o claritate mai mare a minţii, poţi să te întinzi pe partea dreaptă, cu faţa sprijinită pe palma dreaptă, picioarele alăturate, genunchii uşor îndoiţi şi cu braţul stâng aşezat peste partea stângă a corpului. Când mergi sau stai în picioare, ar trebui să ţii mâna dreaptă în mâna stângă în faţa corpului sau, dacă ţi se pare prea dificil, să încrucişezi degetele celor două mâini. Asigurându-te că postura ta este verticală şi în acelaşi timp relaxată, ar trebui să îţi laşi braţele să atârne în mod natural.

Este util să cunoşti în detaliu elementele posturii şezând, întrucât aceasta este cea care contribuie cel mai mult la o meditaţie eficientă, necesară dacă eşti hotărât să atingi stări înalte de concentrare. Această postură presupune şapte caracteristici şi este cunoscută sub numele de postura în şapte puncte a lui Buddha Vairochana. Cele şapte puncte se referă la:

1. Picioarele (încrucişate)

În mod ideal, picioarele ar trebui să fie încrucişate în *postura vajra*, în care laba piciorului stâng se odihneşte pe coapsa dreaptă, iar laba piciorului drept se odihneşte pe coapsa stângă. Dacă această poziţie este prea dificilă, poţi sta în orice postură cu picioarele încrucişate care îţi este confortabilă, însă, trebuie să ştii că stabilitatea şi calmul sunt realizate în cea mai mare măsură atunci când fesele sunt ridicate, astfel încât şoldurile să fie înclinate în faţă. Deoarece corpurile noastre sunt foarte sensibile la mediul înconjurător, statul pe jos te poate conecta cu pământul de dedesubt, oferindu-ţi o idee despre imensa lui energie care te sprijină şi te susţine. O postură bună cu picioarele încrucişate îţi oferă un echilibru fizic excelent şi reprezintă, de asemenea, uniunea metodei cu înţelepciunea.

Să te simţi confortabil este la fel de important cu a sta în poziţia corectă. Postura aşezat este optimă, contribuind la dezvoltarea practicii tale meditative: dacă stai confortabil, vei fi mai puţin distras în timpul meditaţiei şi îţi va fi mult mai uşor să îţi relaxezi corpul. De aceea, poţi alege să stai pe un scaun cu picioarele relaxate, cu genunchii în unghi drept şi fesele ferm sprijinite de scaun, amintindu-ţi să menţii spatele drept.

2. Mâinile (în poală)

Palma dreaptă ar trebui să fie plasată deasupra celei stângi, ambele orientate în sus, odihnindu-se uşor în poală (pentru femei, poate fi mai eficient să se aşeze palma stângă deasupra). Vârfurile degetelor mari ar trebui să se atingă uşor, un pic mai jos de ombilic. Postura palmelor semnifică uniunea metodei cu înţelepciunea în timpul practicii. Ar trebui să simţi o senzaţie de relaxare de la umeri până la încheieturi şi apoi mai jos, până în palme, permiţând eliberarea oricărei tensiuni din partea superioară a corpului.

3. *Spatele (cu coloana vertebrală dreaptă)*

Corpul trebuie să fie menținut drept ca o săgeată sau o grămadă de monede de aur așezate una peste alta, fără a fi înclinat lateral, înapoi sau înainte. Spatele drept ajută mintea să rămână alertă și atentă și are, de asemenea, un impact enorm asupra vânturilor interne, ce reprezintă deplasări subtile ale energiei care circulă în interiorul corpului și minții. Aceste vânturi sunt foarte strâns conectate cu respirația și pot avea un efect foarte important când sunt folosite în anumite practici avansate. De asemenea, coloana vertebrală dreaptă ajută mintea să rămână alertă și atentă. Poți încerca să te simți echilibrat și conștient de interiorul corpului, din creștetul capului până la baza coloanei. Poți face mici ajustări în timpul meditației, pentru a te asigura că ai o postură dreaptă și echilibrată. Scopul este să rămâi calm, relaxat și alert, rigiditatea și imobilitatea reprezentând obstacole în calea conștientizării.

4. *Umerii și coatele* *(trase înapoi și ușor îndepărtate de corp)*

Umerii și brațele trebuie să fie trase puțin înapoi și ușor curbate, astfel încât să fie așezate simetric de-o parte și de alta a corpului. Aceasta ajută plămânii să se extindă în mod corect și înlesnește respirația din timpul meditației. Coatele ar trebui să rămână un pic îndepărtate de corp.

5. *Capul și gâtul (bărbia ușor coborâtă)*

Capul nu trebuie să fie nici prea lăsat pe spate, nici prea aplecat în față. Ține capul drept și centrat, cu bărbia retrasă, astfel încât nasul să fie aliniat cu ombilicul. Încearcă să nu înclini gâtul într-o parte sau în spate.

6. *Gura*
(fața relaxată cu vârful limbii atingând cerul gurii)
Dinții și buzele trebuie ținute într-o poziție naturală, cu dinții abia atingându-se. Este important ca fața și maxilarele să fie relaxate, aceasta prevenind salivatul excesiv. Vârfului limbii trebuie să fie plasat ușor în spatele dinților de sus, ceea ce ajută la ascuțirea minții și la prevenirea uscării gurii și a scurgerii salivei. Dacă mintea ta este agitată și ai dificultăți în atingerea stării de calm, plasarea limbii în spatele dinților de jos ar putea fi utilă pentru relaxarea și calmarea minții.

7. *Ochii (privesc dincolo de vârful nasului)*
Ochii nu trebuie să fie nici prea larg deschiși, nici complet închiși. Dacă sunt deschiși prea mult, poți fi distras cu ușurință, iar dacă sunt complet închiși, mintea îți poate deveni încețoșată sau plictisită. Totuși, la început, menținerea ochilor ușor închiși îți poate ajuta corpul să intre într-o stare mai profundă de relaxare. După ce vei medita o vreme în acest fel, vei descoperi că ai devenit în mod natural mai echilibrat și s-ar putea să dorești să deschizi ușor ochii. De asemenea, dacă folosești un obiect vizualizat pentru a te concentra în meditație, sau când ai mintea prea agitată, este important să închizi ochii.

Există mai multe metode de direcționare a privirii. Prima metodă este să îți îndrepți privirea direct în față, către orice culoare care nu este prea strălucitoare, sau spre un obiect plăcut sau sacru, cum ar fi o floare sau imagine a lui Buddha. A doua metodă, cea mai des folosită, constă în a îndrepta ochii în jos, privind ușor și cu seninătate în spațiu, puțin în fața vârfului nasului. Nu te concentra prea puternic, ține-ți ochii nemișcați și permite pleoapelor să clipească natural. Ambele metode sunt potrivite pentru începători. Alte metode meditative implică să privești în sus, cu ochii larg deschiși, spre spațiul deschis. Aceasta se poate întâmpla în mod natural atunci când mintea a atins un anumit nivel de calm și începe să dezvolte înțelegerea profundă. O altă metodă, practicată pe scară largă în tradiția Jonang din budismul tibetan, constă în a medita într-o cameră complet întunecată, cu ochii larg deschiși și cu privirea îndreptată în sus, concentrată la aproximativ 30 de centimetri în fața frunții, în întunericul atotcuprinzător.

Oricine perseverează practicând în mod corect această postură, indiferent de cât de greu sau dureros poate părea la început, o va găsi în cele din urmă extrem de confortabilă și benefică pentru sănătate. Totuși, principalul său avantaj este că sprijină practica meditativă și dezvoltarea mentală pe termen lung. Dacă nu ești cu adevărat preocupat de practica intensivă și de obținerea shamatha, atunci orice poziție pe care o consideri confortabilă și facilă va fi la fel de utilă pentru a te relaxa.

(iii) Atitudinea corectă

Există multe „condiții interne" care sunt necesare pentru succesul practicii meditative. Conform învățăturilor Theravada, renunțarea este cea mai importantă condiție, ceea ce înseamnă să recunoști adevărul suferinței și să privești meditația ca pe un instrument de depășire a experienței suferinței. Unii oameni încep să mediteze având acest scop în minte, dar uită totuși de această intenție și ajung să fie mulțumiți de ei înșiși atunci când practica lor decurge bine, sau când apare o îmbunătățire în viața lor. Buddha îi compară pe aceștia cu o persoană care caută duramen, lemnul dens din inima trunchiului unui copac, dar taie în schimb câteva crengi sau bucăți de scoarță și le ia cu sine gândindu-se că sunt duramen.

În tradiția tibetană, cel de-al nouălea Karmapa enumeră patru condiții necesare pentru o meditație reușită: renunțarea, încrederea într-un învățător Dharma calificat, o perspectivă non-sectară și o minte lipsită de așteptări. Dacă urmezi o cale Mahayana, este important să privești iluminarea celorlalți ca fiind mai importantă decât propria ta eliberare, amintindu-ți de motivația specială bodhicitta și invocând ajutorul lui Buddha și al învățătorului tău Dharma. Ar trebui, de asemenea, să îți re-înnoiești această motivație la sfârșitul practicii, prin dedicarea ei pentru iluminarea tuturor ființelor, ceea ce asigură faptul că meritul practicii este cert și poate să crească. În caz contrar, meritul poate să fie redus sau distrus de negativitate.

Dintr-o perspectivă practică, ar trebui să te consideri o persoană „fără istoric", abandonând preocupările legate de amintirile din trecut sau de viitor, dar și distragerile și așteptările din prezent. În special, ar trebui să abandonezi gândurile de descurajare dacă practica ta nu decurge bine și să eviți să te lași purtat de mândrie și entuziasm dacă ai o experiență bună în timpul meditației.

(iv) Practicile preliminare

Pentru a începe meditația cu o minte calmă și receptivă, sunt utile câteva practici preliminare, care te pot ajuta în acest sens.

Prima dintre acestea este o practică scurtă din tradiția tibetană numită *expirarea aerului viciat*, care implică vizualizarea evacuării cu putere a tuturor impurităților prin nări. Aceasta te ajută să elimini din corpul subtil fluxurile contraproductive de energie asociate cu atașamentul, aversiunea și ignoranța. Cum mintea și respirația sunt strâns legate, această practică este un excelent punct de pornire pentru orice meditație.

O versiune simplă a acestei practici constă în trei respirații adânci: inspiri de fiecare dată aerul până în abdomen, îl reții un timp, apoi îl expiri cu forță prin ambele nări, în timp ce vizualizezi cum toate energiile impure, cum sunt de exemplu dorința și ura, îți părăsesc mintea și corpul. Poți repeta respirațiile oricând pe parcursul meditației dacă simți că îți pierzi concentrarea.

O versiune mai elaborată presupune nouă respirații. Începi prin a inspira adânc prin nara dreaptă în timp ce închizi nara stângă apăsând-o cu degetul mare de la mâna stângă. Dacă vrei, poți să îți echilibrezi poziția mâinii stângi plasând degetul arătător în centrul frunții. Apasă apoi nara dreaptă cu degetul mijlociu de la mâna stângă și eliberează nara stângă, expirând prin nara stângă. Repetă de trei ori, apoi inspiră adânc prin nara stângă în timp ce continui să apeși și închizi nara dreaptă cu degetul mijlociu de la mâna stângă, apoi apasă și închide nara stângă cu degetul mare de la mâna stângă și eliberează nara dreaptă, expirând prin nara dreaptă. Repetă de trei ori. La sfârșit, așază-ți mâinile în poală și inspiră adânc prin ambele nări, apoi expiră prin ambele nări. Repetă de trei ori, făcând astfel un total de nouă respirații.

După această practică de respirație, un ritual util de urmat este legănarea corpului dintr-o parte în alta, fiind conștient de punctele de contact și de sunetele din jurul tău. Mai întâi verifică dacă ai coloana vertebrală dreaptă și leagănă ușor corpul dintr-o parte în alta, cu mișcări din ce în ce mai puțin ample, până când ajungi în mod natural într-un punct de echilibru. Fii conștient de punctele de contact ale picioarelor cu podeaua, al feselor cu scaunul pe care stai așezat și de mâinile pe care le ții în poală. Apoi, asigură-te rapid că abdomenul, umerii, limba și maxilarele sunt relaxate. În cele din urmă, conștientizează toate sunetele din jurul tău - din față, din spate, din părțile laterale – fiind pur și simplu receptiv și doar ascultând, fără să reacționezi în vreun fel. Acum ești pregătit pentru meditație.

CAPITOLUL 2

RESPIRAȚIA CA OBIECT ȘI ETAPELE MEDITAȚIEI

Acum voi descrie cum este folosită respirația ca obiect al meditației și cum aceasta poate conduce treptat la obținerea shamatha. Deoarece multe persoane din lumea modernă trăiesc într-un mediu foarte activ și stimulant, gândirea excesivă și agitația sunt perturbările principale pe care trebuie să le depășim. Acestea au legătură adesea cu o mare cantitate de „tensiune nervoasă" pe care o purtăm în corpurile noastre. Meditația asupra respirației - cea mai răspândită metodă predată de Buddha - este excelentă pentru a contracara aceste perturbări.

Folosind meditația asupra respirației ca model, voi descrie acum cele patru etape graduale: atenția conștientă asupra momentului prezent, plasarea minții pe obiectul de meditație, păstrarea minții asupra obiectului și reglajul fin al minții (care conduce la shamatha). Prezentarea care urmează acoperă atât cele *nouă stări progresive ale atenției* din tradiția tibetană (care se bazează pe învățăturile lui Buddha Maitreya și ale lui Kamalashila), cât și etapele meditației asupra respirației din *Anapanasati Sutta* din tradiția Theravada. Primele două etape pun accentul pe relaxare, în timp ce în a treia etapă este accentuată atenția conștientă sau stabilitatea concentrării. După ce ai obținut o bună relaxare și stabilitate, în etapele ulterioare se pune accentul pe cultivarea unei mai mari clarități ori a atenției mai intense.

Ai „atins" o anumită etapă atunci când experiența ta meditativă corespunde descrierii etapei, în *toate* sesiunile tale, în cea mai mare parte a fiecărei sesiuni de meditație. Cu toate acestea, etapa pe care ai atins-o

Folosirea respiraţiei ca obiect al meditaţiei

poate să pară că variază considerabil de la o sesiune la alta și de aceea este important să îți adaptezi metoda pentru ca ea să se potrivească stării minții tale. Dacă, de exemplu, mintea ta este mai agitată decât de obicei, este o idee bună să începi cu începutul, stabilizând mai întâi atenția conștientă relaxată asupra corpului, sentimentelor și minții, prin intermediul respirației. În general, poți progresa rapid de-a lungul etapelor inițiale înainte să atingi „etapa ta obișnuită", atâta timp cât îți amintești să nu te grăbești să avansezi prea rapid. „Răbdarea atentă" este cel mai sigur drum către progres.

Amintește-ți, de asemenea, că parcursul meditației tale nu este niciodată fixat și că, într-o anumită etapă, poți decide că un alt obiect sau o metodă diferită de meditație sunt mai folositoare pentru tine. De exemplu, când atingi un anumit nivel de concentrare, ai putea să preferi să meditezi având ca obiect conștientizarea deschisă, să folosești o vizualizare și o mantră, sau poate să petreci mai mult timp studiind sau practicând meditația analitică. Totuși, indiferent de obiectul pe care îl alegi, etapele care conduc la shamatha rămân valabile pentru practica ta de meditație.

I. ATENȚIA CONȘTIENTĂ ASUPRA MOMENTULUI PREZENT CU AJUTORUL RESPIRAȚIEI

Mulți oameni găsesc dificil să se fixeze asupra unui singur obiect de meditație de la început. De aceea, scopul acestei prime etape este de a crea un cadru mental receptiv (dar nu reactiv), în care mintea să fie capabilă doar să observe toți stimulii externi, fără să reacționeze sau să se ocupe de ei. În plus, poți folosi respirația ca ancoră pentru conștientizare sau pentru a-ți relaxa corpul în mod conștient. Poți astfel genera rapid o stare a minții care este deopotrivă calmă și alertă, nu prea concentrată și nici prea relaxată.

Ce este atenția conștientă?

Atenția conștientă - sau *mindfulness* în engleză - înseamnă la propriu că mintea este „plină" de ceea ce experimentează. Este atunci când doar îți observi experiența și rămâi pur și simplu prezent în ceea ce este, fără să te gândești la ea sau să descrii ceea ce se întâmplă. Un învățător Theravada a caracterizat atenția conștientă prin cinci caracteristici:

1. O conștientizare *centrată pe momentul prezent*.
2. *Păstrarea* și *oferirea* atenției, fie cu o concentrare receptivă, fie cu un focus mai strâns.
3. O conștientizare care *nu judecă*, care mai degrabă face un pas în spate decât să se lase prinsă în judecată și care vede lucrurile așa cum sunt ele, nu așa cum credem noi că sunt.
4. O conștientizare *receptivă*, deschisă către o gamă vastă de experiențe, care nu opune rezistență și nu reacționează, asemenea unei antene parabolice care recepționează informații.
5. O conștientizare *non-personală,* care nu este partizană și nu ia personal nimic din ceea ce observă sau cunoaște, inclusiv gândurile, sentimentele și senzațiile dureroase.

Pentru a dezvolta atenția conștientă, trebuie să fii în primul rând conștient de diferitele elemente care îți creează experiența. Acestea sunt descrise pe larg în învățăturile despre cele patru baze ale atenției conștiente din *Satipatthana Sutta* și anume:

1. Atenția conștientă asupra corpului

Aceasta include atenția conștientă pe respirație: să știi când o respirație este lungă sau scurtă, fiind conștient de mișcarea respirației și de calmul pe care îl aduce în întregul corp. Se referă, de asemenea, la atenția conștientă asupra posturii corpului: să știi când mergi, când stai în picioare, când ești așezat sau întins, să fii conștient de faptul că mergi într-o anumită direcție și de modul în care te miști. Reprezintă și atenția conștientă în actele de a mânca, a bea sau a defeca, să știi când să vorbești și când să taci. Ea reprezintă atenția conștientă asupra elementelor care alcătuiesc propriul corp, conștientizarea trăsăturilor neatractive ale acestuia, precum și atenția conștientă asupra efemerității și a morții iminente.

2. Atenția conștientă asupra senzațiilor

Înseamnă pur și simplu să știi când experimentezi un sentiment plăcut, o senzație de durere sau o emoție neutră. Acestea pot apărea fie prin contactul cu cele cinci simțuri, fie prin contactul cu obiecte mentale, cum ar fi percepțiile, amintirile, gândurile și imaginile mentale. Când mintea este calmă pot apărea senzații mai subtile, de exemplu starea de extaz sau o fericire care îți cuprinde întregul corp.

3. Atenția conștientă asupra stărilor mentale

Aceasta presupune să știi că o minte care are dorințe este o minte cu dorințe, în timp ce o minte care nu are dorințe este o minte fără dorințe. La fel, știi când sunt prezente mânia, ignoranța, concentrarea, distragerea, dar și când aceste stări sunt absente. Știi, de asemenea, când mintea este concentrată, când este eliberată și când nu este așa.

4. Atenția conștientă asupra fenomenelor

Aceasta înseamnă că ești conștient de toate fenomenele sau de conținutul minții, ceea ce poate include atât conștientizarea obiectelor senzoriale (cum ar fi sunetele, obiectele vizuale, gusturile, mirosurile și senzațiile tactile), cât și a obiectelor mentale (de exemplu amintirile și proliferarea gândurilor). Se mai referă și la cunoașterea naturii acestor fenomene care este temporară, plină de suferință (adică incontrolabilă) și lipsită de natură intrinsecă.

În concluzie, atenția conștientă înseamnă să fii atent la întreaga gamă de experiențe, începând cu conștientizarea corpului și extinzându-se la sentimente, stări mentale, obiecte ale simțurilor și obiecte mentale. Poți descoperi astfel că mintea ta se poate simți „plină" mai degrabă decât fragmentată, decorporalizată, sau prinsă în procesul gândirii. *Satipatthana Sutta* mai spune că ar trebui să contempli toate obiectele ca „apărând, dispărând, dar și apărând și dispărând deopotrivă", precum și „interne, externe precum și interne și externe deopotrivă". Acest lucru poate aduce o profunzime suplimentară practicii atenției conștiente, ajutându-te să o extinzi spre lumea exterioară și să îți aliniezi experiența cu viziunea budistă asupra realității.

Atenția conștientă care folosește respirația ca ancoră

Deși este posibil să practici atenția conștientă fiind pur și simplu atent la ceea ce apare în experiența ta, poate fi mult mai util să îți ancorezi experiența folosind conștientizarea respirației. Buddha a predat *Anapanasati Sutta* pentru a arăta cum atenția conștientă asupra respirației poate îndeplini cele patru baze ale atenției conștiente și cum aceasta poate duce la eliberare.

Sutta oferă instrucțiuni pentru *atenția conștientă asupra celor șaisprezece tipuri de respirații,* o metodă rapidă și eficientă de a calma mintea și de a câștiga în același timp o conștientizare clară a experienței noastre. Aceste șaisprezece respirații se referă, de asemenea, la șaisprezece etape ale concentrării care sunt realizate în succesiune. Totuși, aici le vom trata împreună.

Pentru a începe această practică trebuie să îți găsești un loc liniștit și să adopți postura corectă, cu corpul drept și având atenția conștientă plasată asupra respirației, în timp ce inspiri și expiri în mod natural. Ar trebui să îți spui sau pur și simplu să știi:

Inspir, conștient de respirația lungă (sau scurtă);
   expir, conștient de respirația lungă (sau scurtă)
Inspir, conștient de respirația scurtă;
   expir, conștient de respirația scurtă
Inspir, conștient de corp;
   expir, conștient de corp
Inspir, liniștind corpul;
   expir, liniștind corpul
Inspir, conștient de senzații;
   expir, conștient de senzații
Inspir, liniștind senzațiile;
   expir, liniștind senzațiile
Inspir, conștient de bucurie;
   expir, conștient de bucurie
Inspir, conștient de fericire;
   expir, conștient de fericire
Inspir, conștient de minte;
   expir, conștient de minte
Inspir bucurând mintea;
   expir bucurând mintea
Inspir concentrând mintea;
   expir concentrând mintea
Inspir eliberând mintea;
   expir eliberând mintea
Inspir, conștient de impermanență;
   expir, conștient de impermanență
Inspir, conștient de declin și dispariție;
   expir, conștient de declin și dispariție
Inspir, conștient de eliberare;
   expir, conștient de eliberare
Inspir și lăsând să plece;
   expir lăsând să plece.

Repetă acest ciclu de respirații din nou și din nou, observând cum mintea devine calmă și limpede, iar corpul este conștientizat în ansamblul său. La început poate fi de folos să repeți instrucțiunile în tăcere, și, în timp ce faci acest lucru, să contempli fiecare subiect, în special impermanența. Poți să te gândești, de exemplu, că nu există un sine permanent în corpul, sentimentele sau mintea ta și că fiecare dintre acestea are o „suferință" sau o natură ce nu poate fi controlată și că nu există un „sine" care să controleze ceea ce se întâmplă. În cele din urmă, poți să lași să plece toate acestea și „doar să știi" că ai atenția conștientă asupra acestor elemente diferite în timp ce respiri, intrând într-o stare de conștientizare mai receptivă. Apoi, când mintea ta începe să rătăcească sau când îți pierzi interesul, te poți întoarce la repetarea în tăcere a instrucțiunilor, poate într-o formă condensată, folosind două, patru sau opt respirații conștiente. Cu puțin exercițiu, ar trebui să fii capabil să menții o bună concentrare, alternând în acest fel.

Respirația, ca „ancoră" pentru atenția conștientă, este ceva la care te poți întoarce mereu, dacă ai dificultăți în meditație sau în viața cotidiană. Situațiile provocatoare care apar în meditație sau în viață sunt asemenea valurilor unui ocean, dar dacă știi să te întorci la țărm, vei evita să te lași purtat în larg sau să fii răsturnat de valurile mari. Poți să te întorci cu ușurință la această practică în viața de zi cu zi, deoarece respiri tot timpul și poți să înveți să asociezi atenția conștientă cu respirația. În timpul pauzelor din activitatea ta obișnuită, poți să respiri de câteva ori adânc și să-ți induci în mod conștient starea relaxată și de atenție pe care ai dezvoltat-o în timpul meditației formale.

II. PLASAREA MINȚII ASUPRA OBIECTULUI DE MEDITAȚIE („...asemenea unei cascade care se revarsă peste stânci")

Cultivând inițial atenția conștientă asupra momentului prezent, vei descoperi cum mintea alertă și corpul relaxat pot coexista. Apoi, pentru a dezvolta un tip de concentrare mai focalizată, poți restrânge câmpul atenției. Dacă vei începe prin a te concentra asupra unui singur obiect, este foarte probabil să-ți contracți atât mintea, cât și corpul, amplificând orice tensiune deja existentă. Acest lucru este adevărat în special în lumea modernă, în care oamenii au adesea multă tensiune înmagazinată în corpurile lor.

Potrivit *Anapanasati Sutta,* cel mai eficient mod de a începe această practică este să observi pur și simplu respirația, suficient de mult timp pentru a ști dacă este lungă sau scurtă. Atunci îți spui:

Inspir, conștient de respirația scurtă,
expir, conștient de respirația scurtă.
Inspir, conștient de respirația lungă,
expir, conștient de respirația lungă.

În această etapă, cheia este să menții o stare relaxată a minții, iar cel mai mare obstacol cu care te vei confrunta este tendința minții de a *controla* respirația. De aceea, instrucțiunea îți arată cum să fii conștient de fluxul natural al respirației și, în același timp, cum să reziști impulsului de a o controla. Renunțarea la tendința de a controla respirația, doar observând când se oprește de la sine, te ajută să te relaxezi, iar îndreptarea atenției asupra duratei respirației îți sporește vigilența.

Sutta nu specifică unde anume ar trebui să te concentrezi asupra respirației. Pentru a ajunge să te relaxezi este de folos să fii conștient de respirație în întregul corp, dar e posibil să ți se pară mai natural să te concentrezi asupra unei zone specifice, cum ar fi pieptul sau abdomenul. Pe măsură ce devii conștient de modul în care întregul corp „respiră", percepția ta asupra respirației devine mai subtilă. Acest lucru este cunoscut sub numele de vânt interior, care, uneori, se simte asemenea unor curenți de energie care circulă prin corp. Poți să vizualizezi această respirație subtilă cum circulă în jurul corpului tău și trece pe rând prin toate părțile sale, sau îți poți imagina că întregul corp expiră și inspiră, ca și cum un val de respirație călătorește prin corpul tău. Îți mai poți ajuta corpul să se relaxeze dacă plasezi limba în spatele dinților de pe maxilarul inferior și încetinești expirația. Dacă aceste metode nu dau rezultate și mintea nu ți se liniștește, este posibil să existe o tensiune într-o anumită parte a corpului, posibil legată de anumite emoții dureroase. În acest caz, poate fi util să concentrezi respirația exact în zona respectivă, să observi orice apare și să extinzi respirația în jurul acelei zone.

O altă tehnică în această etapă constă în a număra mental respirațiile. O metodă este să repeți „unu" pe durata unei inspirații și a unei expirații, apoi „doi" pe durata următoarei respirații, continuând până la zece respirații înainte să începi să numeri în sens invers, de la zece la unu. O metodă alternativă este să numeri „unu" după ce s-a terminat inspirația, apoi „doi" după ce s-a terminat expirația și să repeți aceasta de zece ori. O altă metodă, folosită în tradiția thailandeză, este să reciți mantra *Buddho* în timp ce respiri: *Bud* când inspiri și *Dho* când expiri.

Această etapă a meditației centrată pe respirație corespunde cu aproximație primelor două stadii ale atenției din sistemul tibetan, unde accentul este pus pe înțelegerea instrucțiunilor pentru meditație și pe obținerea unei stări de relaxare

1. *Plasarea minții asupra unui obiect*

La început, menținerea minții fixate pe un obiect necesită mult efort. Capacitatea ta de a păstra mintea fixată pe un obiect este destul de limitată și s-ar putea să realizezi acest lucru doar pentru momente scurte. S-ar putea chiar să ți se pară că mintea este mai agitată decât la început și să ai senzația că gândurile discursive s-au înmulțit. Acest lucru înseamnă însă că abia acum ai devenit, pentru prima dată, conștient de starea obișnuită a minții tale și aceasta este prima ta realizare.

Prima stare se obține prin *puterea ascultării* instrucțiunilor oferite de învățător în legătură cu metoda de meditație și cu alegerea obiectului de meditație. Ea este realizată atunci când poți plasa mintea pe obiectul de meditație dorit pentru cel puțin o secundă sau două. Dacă ai ales respirația, stadiul poate fi realizat încă de la prima încercare, dar dacă obiectul ales este o vizualizare complexă, realizarea poate necesita câteva săptămâni.

2. *Plasarea continuă*

În timpul acestui stadiu, perioadele de distragere continuă să fie mai lungi decât cele de concentrare, dar perioadele în care îți poți fixa atenția pe obiect sunt mai dese. Mintea devine mai stabilă și, ocazional, poți menține o concentrare neîntreruptă de la unu până la cinci minute, având senzația că gândurile discursive se reduc. Acest stadiu se realizează prin *puterea reflecției*. Ești capabil sa îți fixezi mintea pe obiect, dar trebuie totuși să îți amintești în permanență instrucțiunile pentru a le înțelege.

Primele două niveluri vizează conectarea minții cu un obiect și, de aceea, este necesar un angajament concentrat ferm. Etapele ulterioare, pe de altă parte, au ca scop să mențină mintea acolo. Principalele greșeli pe care trebuie să le depășești în aceste două niveluri sunt lenea și mai ales neascultarea cu atenție a instrucțiunilor și uitarea obiectului meditației.

În această etapă, mișcarea gândurilor prin minte este asemenea unei cascade ce se revarsă peste pietre. Aceasta nu înseamnă că gândurile ni s-au înmulțit, ci mai degrabă că acum am devenit conștienți de ele pentru prima dată.

III. PĂSTRAREA MINŢII ASUPRA OBIECTULUI DE MEDITAŢIE („...asemenea unui râu care curge printr-un defileu")

În etapa precedentă ai început să experimentezi concentrarea continuă pe respiraţie, îndreptându-ţi atenţia asupra conştientizării lungimii respiraţiei, sau numărând respiraţiile în timp ce corpul devine din ce în ce mai relaxat. Odată ce ai obţinut o anumită stabilitate prin această metodă, poţi lăsa atenţia să curgă odată cu respiraţia, urmărind-o pe întreaga sa durată. Îţi laşi mintea să devină absorbită în respiraţie, din primul moment al inspiraţiei şi până la sfârşitul ei, observând intervalul de pauză dintre inspiraţie şi expiraţie. Apoi urmăreşte expiraţia de la început până la sfârşit. În acest fel, cu corpul deja destul de relaxat, începi să dezvolţi atenţia conştientă continuă şi apoi vigilenţa. Conform sutta, ar trebui să ştii pur şi simplu că:

Inspir conştient de tot corpul (care respiră),
expir conştient de tot corpul (care respiră).

De obicei, se consideră că aceste instrucţiuni se referă la durata respiraţiei, dar există şi interpretarea că trebuie să fim conştienţi de mişcarea respiraţiei prin tot corpul. La fel ca în etapa precedentă, trebuie să te concentrezi pe respiraţie oriunde se află ea în mod natural, deplasând atenţia mai jos în corp (de exemplu în abdomen) dacă ai nevoie de mai multă relaxare şi mai sus (de exemplu în vârful nasului) dacă trebuie să îţi măreşti vigilenţa. În acelaşi timp, trebuie să menţii o conştientizare de ansamblu a întregului corp în timp ce respiri.

Scopul acestei etape este să devii atât de absorbit de respiraţie, încât să nu mai fii distras de sunete, imagini, sau chiar de senzaţiile de disconfort din corp. Mai ales când eşti obosit, mintea poate să devină tulbure. În acest punct, este nevoie de efort şi vigilenţă pentru a putea să îți intensifici concentrarea și să surprinzi cu claritate fiecare moment al respirației.

Stările atenției care urmăresc să contribuie la stabilirea atenției conștiente și apoi a vigilenței sunt următoarele:

3. Plasarea „peticită"

În această etapă, devii conștient de orice distragere de la concentrare. Prin *puterea atenției conștiente*, ți-ai dezvoltat abilitatea de a aduce mintea înapoi pe obiectul de meditație imediat ce aceasta începe să rătăcească, la fel cum ai petici o haină. În acest fel, îți restabilești concentrarea și poți păstra mintea pe obiect, fără întrerupere, în general între cinci și zece minute. Atenția conștientă crește și astfel progresezi spre meditația reală, întrucât atenția ta este fixată pe obiect în cea mai mare parte a timpului, în aproape toate sesiunile de meditație.

Doar să ajungi în această etapă este o mare realizare și creează o mare diferență în capacitatea pe care o ai de a-ți controla mintea în viața de zi cu zi.

4. Plasarea apropiată

În această etapă concentrarea ta este atât de intensă încât mintea nu mai pierde niciodată complet fixarea pe obiect și agitația grosieră nu mai reprezintă un obstacol. Prin urmare, mintea se retrage dintr-o gamă largă de lucruri și focusul său se restrânge și mai mult. Ești capabil să fixezi obiectul în mod continuu, dar încă trebuie să dezvolți progresiv nivelurile de claritate sau intensitate și, de asemenea, să faci față agitației subtile care apare atunci când o parte din minte se abate de la obiectul de meditație, dar nu îl pierde complet. Pe parcursul acestui stadiu este realizată *puterea atenției conștiente*, acum fiind capabil să fixezi obiectul cu o asemenea stabilitate încât să revii cu ușurință la el ori de câte ori ești distras. Cu toate acestea, trebuie să te asiguri că stabilitatea nu apare în detrimentul relaxării. Poți să fii nevoit să aplici tehnici de relaxare a minții pentru a face față agitației subtile, cum ar plasarea limbii în spatele dinților de jos.

5. *Disciplinarea minții*

La acest nivel ai dezvoltat capacitatea de a depăși moleșeala grosieră și agitația, iar *vigilența* minții se dezvoltă. Principalul obstacol pe care trebuie să îl depășești în acest stadiu este moleșeala subtilă sau scufundarea, care apare atunci când retragerea minții de la obiectele străine a avansat prea mult. Este nevoie de multă disciplină și de efort pentru a depăși acest pericol. Există un pericol considerabil de a nu recunoaște moleșeala subtilă sau scufundarea, mascată de o stare stabilă și calmă a minții și trebuie să înlături acest obstacol prin intensificarea conștientizării cu vigilență mărită. Poate fi, totuși, o provocare să depășești moleșeala subtilă fără a compromite stabilitatea și acest lucru poate fi uneori un echilibru greu de atins. În acest stadiu trebuie să generezi o minte elevată bazându-te pe inspirație, amintindu-ți de exemplu calitățile shamatha sau învățăturile lui Buddha. Este de ajutor să ridici obiectului meditației, făcându-l mai mic sau mai clar. Acum trebuie să te asiguri că limba e plasată în spatele dinților de sus.

În timpul acestui stadiu gândurile involuntare continuă să apară, dar, în loc să vină precum o cascadă, sunt ca un râu ce curge lin printr-un defileu. Chiar dacă mai există o urmă de rezistență la practică, rezultatele eforturilor tale sunt din ce în ce mai evidente.

IV. REGLAJUL FIN AL MINȚII („...asemenea unui râu care curge lin printr-o vale")

După ce ai obținut atenția conștientă continuă asupra respirației cu ajutorul unei discipline stricte, acum trebuie să-ți domolești respirația. Dacă treci prea repede la această etapă, s-ar putea să cazi pradă moleșelii și somnolenței. De aceea, trebuie să te asiguri că ai finalizat etapele precedente, „captând" întreaga respirație înainte de a încerca să o domolești, la fel cum mai întâi trebuie să prinzi un cal sălbatic și abia apoi să-l îmblânzești.

Prin urmare, Sutta continuă cu următoarele instrucțiuni:

Inspir liniștind corpul (respirației),
expir liniștind corpul (respirației).

Aici pot apărea dificultăți, deoarece ai folosit multă voință pentru a realiza etapele anterioare, iar acum este nevoie de detașarea blândă și persistentă. Acesta este un act de echilibrare fină, care te poate ajuta să diminuezi amploarea respirației și să pui, din nou, mai mult accentul pe relaxarea corpului.

Sutta continuă:

Inspir conștient de bucurie,
expir conștient de bucurie.
Inspir conștient de fericire,
expir conștient de fericire.

Aceasta se referă la apariția bucuriei și a fericirii (*piti* și *sukha* în limba pali), pe măsură ce respirația se liniștește, așa cum apare la orizont lumina aurie a zorilor. Acum dezvolți atenția susținută pe deplin asupra „respirației minunate" și nu ți-au mai rămas decât câteva urme de gândire discursivă. Când poți rămâne fixat cu ușurință asupra obiectului un timp îndelungat, experimentând multă bucurie și fericire, mintea devine foarte concentrată și ești pregătit să treci la pasul următor.

Următoarea etapă, conform sutta, este:

Inspir conștient de minte,
expir conștient de minte.

În acest stadiu, atenția ta este atât de rafinată încât respirația pare că a dispărut complet, fiind înlocuită de un semn mental dobândit, mai subtil, numit *nimitta*. Simțul tactil (senzația fizică a respirației) dispare și experimentezi respirația ca obiect pur mental, perceput de exemplu ca o lumină albă, o perlă albastră sau o senzație de extaz. Este la fel cum luna plină (mintea) apare din spatele norilor (lumea celor cinci simțuri). Acest obiect subtil devine punctul central al meditației tale și te poartă prin stadiile superioare ale atenției.

Ajahn Chah compară apariția acestui semn cu un animal sfios care se apropie doar dacă stai complet nemișcat. Dacă rămâi absolut nemișcat, semnele nimitta apar și rămân doar cât continui să stai nemișcat. O altă comparație este cu o cameră întunecată în care poți vedea formele pe măsură ce ochii se obișnuiesc cu întunericul. Tot așa, nimitta apare treptat din nemișcarea fără formă odată ce respirația a „dispărut".

Următoarele două versuri din sutta îți arată ce să faci atunci când apar forme subtile de moleșeală sau agitație în timp ce te concentrezi pe nimitta:

Inspir bucurând mintea,
    expir bucurând mintea.
Inspir concentrând mintea,
    expir concentrând mintea.

Se poate întâmpla ca experiența nimitta să fie monotonă sau nereușită, probabil datorită nivelului scăzut al energiei tale mentale. Antidotul este să aduci mai multă bucurie în meditație și să experimentezi mai intens acest obiect mental. Îți poți concentra mai mult atenția în obiectul *nimitta*, poți să-ți ascuți atenția sau te poți întoarce la stadiul anterior, concentrându-te asupra „respirației minunate». De asemenea, îți poți intensifica bucuria amintindu-ți de cele Trei Giuvaieruri sau de beneficiile virtuților, cum ar fi bunătatea iubitoare.

Dacă, pe de altă parte, apariția nimitta nu este stabilă, trebuie să

te asiguri că mintea este complet nemișcată și concentrată. Aceasta în-
seamnă să păstrezi nemișcate atât imaginea cât și „cunoscătorul" - acel
aspect al minții care „vede" imaginea. Când nimitta apare pentru prima
dată este posibil să simți frică sau surescitare, la fel ca atunci când în-
tâlnești un străin pentru prima dată. La fel cum înveți să te relaxezi în
compania acestui străin pe măsură ce începi să-l cunoști, poți învăța să
îți relaxezi puțin mintea și să rămâi prezent alături de frumoasa nimitta.

Există două stadii ale atenției care corespund acestor două etape ale
meditației centrate pe respirație:

6. *Pacificarea minții*

În timpul etapelor anterioare ai depășit moleșeala subtilă (deși încă
mai persistă urme ale acesteia), iar acum apare pericolul ca mintea
să fie prea vioaie, provocând agitație subtilă ori exaltare, stări care
trebuie să fie pacificate. Pe parcursul acestui stadiu, atenția conști-
entă și vigilența devin mai intense, fiind rafinate prin atenție neîn-
treruptă, și astfel exaltarea subtilă este depășită. Poate că ai obiceiul
de a relaxa mintea oricând apare o agitație subtilă. Acest lucru poate
fi necesar uneori, deși în acest stadiu ai nevoie, de asemenea, să îți
mărești vigilența și să îți ții strâns mintea pentru a o birui.

În al cincilea stadiu moleșeala subtilă este depășită prin puterea *vigi-
lenței inspirate,* iar acum, în cel de-al șaselea stadiu, este dezvoltată o
abilitate mai puternică, cunoscută sub numele de *vigilența completă.*
Aceasta te ajută să depășești agitația subtilă, deși ea nu este complet
eliminată. Calitatea atenției devine asemenea emisiei clare a unui
post de radio, fără niciun zgomot exterior sau paraziți. În acest sta-
diu nu mai ai rezistență la practica meditației și sesiunile tale pot
dura mai mult de o oră.

7. *Pacificarea completă a minții*

Cu inspirație și perseverență, vigilența completă este dezvoltată și
mai mult, rămășițele moleșelii subtile și ale agitației sunt eliminate

și, prin urmare, dispar complet. Ești astfel în măsură să abandonezi aceste două obstacole subtile imediat ce apar, prin puterea *sârguinței entuziaste*. Astfel, imediat ce apare „scufundarea" întărește-ți atenția, iar când apare agitația, relaxează-te ușor. Aceste dezechilibre ale atenției sunt astfel recunoscute rapid și remediate cu ușurință prin aplicarea de ajustări subtile.

V. UNIFICAREA MINȚII („...asemenea unui ocean nemișcat de valuri")

Practica de conștientizare a respirației a trecut acum complet la conștientizarea unui minunat semn mental stabil, nimitta. Depășind aproape orice urmă de moleșeală și agitație, meditația se desfășoară acum lin și fără efort. Înveți să ai încredere totală în experiența ta și să rămâi absorbit în obiect, încercând să renunți la orice control, în timp ce frumusețea intensă a nimitta îți menține atenția fără alt sprijin din partea ta. Pur și simplu savurezi călătoria cât timp atenția ta este atrasă spre centru, sau cât lumina se extinde și te învăluie.

Continuând analogia cu animalul timid care se apropie de tine doar dacă nu te miști, vei observa mai multe animale care apar pe măsură ce rămâi tot mai nemișcat. La început erau doar animale obișnuite, dar acum apar animale ciudate și minunate. În același fel, apar și alte semne nimitta care te conduc către nivele și mai profunde de meditație. În special, apare un semn mental mai subtil, cunoscut sub numele de semn echivalent (*patigabha nimitta*), ca și cum s-ar desprinde din semnul dobândit. Acesta este mult mai purificat, deși nu are culoare sau formă. Apariția acestui semn corespunde cu atingerea stării shamatha. Etapele finale ale practicii *Anapanasati* a lui Buddha se referă la experimentarea meditației jhana și a înțelegerii profunde, despre care vom vorbi mai târziu.

Această descriere este echivalentă cu ultimele două stadii ale atenției, care conduc direct către shamatha, al zecelea stadiu:

8. *Concentrarea într-un singur punct*

În acest stadiu dezvolți o abilitate specială și spontană de a te concentra ferm pe un obiect, oricât de mult timp dorești. La începutul meditației este nevoie de puțin efort, dar apoi vei „curge" odată cu practica, fără întrerupere și fără efort suplimentar. Moleșeala subtilă și agitația sunt, prin urmare, eliminate cu puțin efort, prin puterea sârguinței pline de entuziasm. În acest al optulea stadiu obții o *implicare neîntreruptă*, ceea ce înseamnă că mintea se poate concentra în absorbție continuă asupra obiectului concentrării. Aceasta este în contrast cu stadiile precedente, care se finalizau prin implicare întreruptă.

La acest nivel poți menține o concentrare puternică a atenției pentru aproape trei ore, iar mintea va rămâne „asemenea unui ocean nemișcat", tulburat doar ocazional de valuri.

9. *Echilibrul imparțial*

În stadiul al nouălea, intrarea și rămânerea într-o stare de meditație profundă se realizează fără efort. Mintea se plasează de la sine pe obiect, spontan și fără efort, prin *puterea familiarizării depline* și a implicării spontane. Mintea este acum complet pacificată, iar apariția moleșelii subtile sau a agitației nu mai este posibilă în timpul sesiunii de meditație. Acum poți menține concentrarea perfectă cel puțin patru ore. Totuși, dacă întrerupi practica, moleșeala și agitația pot încă să îți afecteze echilibrul atenției, deoarece nu au fost complet eliminate.

A finaliza al nouălea stadiu al atenției reprezintă realizarea supremă în „tărâmul dorinței" care descrie starea mentală a ființelor umane. Acest lucru conduce în mod natural la realizarea shamatha.

10. *Realizarea shamatha*

Atunci când atingi cu adevărat shamatha, are loc o transformare radicală în corpul și mintea ta și te simți asemenea fluturelui care iese din crisalidă. În acest stadiu, mintea ta a trecut dincolo de tărâmul dorinței și ai câștigat accesul la tărâmul formei, o dimensiune subtilă a conștiinței care transcende tărâmul simțurilor fizice.

Această schimbare este caracterizată prin anumite experiențe specifice, care au loc într-un interval scurt de timp. Mai întâi, un vânt puternic intră prin creștetul capului tău, se dizolvă în tot corpul și te simți ca și cum ai fost umplut de forța unei energii extatice dinamice. Atât trupul, cât și mintea îți sunt acum impregnate de un tip special de flexibilitate, corpul pare că plutește și este eliberat complet de orice disfuncționalitate fizică și, în același timp, mintea se umple cu o senzație de bucurie copleșitoare. Ai un sentiment de prospețime completă și capacitatea mentală este crescută, mintea ta fiind asemenea unei lămpi cu ulei a cărei flacără stă nemișcată în bătaia vântului, luminoasă, clară și de neclintit.

Odată ce ai atins shamatha, poți intra în acest stadiu oricând dorești și poți medita fără întrerupere, oricât de mult dorești. Poți chiar să supraviețuiești fără necesitățile de bază, cum ar fi alimentele, băutura sau somnul. În timpul meditației atenția ta se retrage complet din simțurile fizice, gândurile discursive și imaginile mentale, dar poți stabili să ieși din meditație după o anumită perioadă. Cu toate acestea, tendințele perturbatoare nu sunt complet eradicate și emoții puternice pot să iasă la suprafață în anumite condiții. Pe de altă parte, dacă ești capabili să renunți cu adevărat la preocupările lumești și dorești să obții eliberarea de suferință, poți folosi shamatha ca pe un instrument pentru a dobândi o înțelegere directă a adevărului impermanenței, suferinței și altruismului. Aceasta poate duce la eliminarea completă a tuturor emoțiilor și stărilor mentale perturbatoare, întrucât atunci când realizezi că nu există un „sine", aceste stări ale minții nu mai au nimic de care să se agațe. Aceasta este *nirvana*.

VI. CALEA SHAMATHA PE SCURT

Cele nouă stadii ale atenției care conduc către shamatha sunt ilustrate tradițional printr-un desen cu un elefant, o maimuță și un călugăr, așa cum este ilustrat în desenul de mai jos. Cinci simboluri reprezintă obiectele celor cinci simțuri, sau obiectele agitației minții. Elefantul negru reprezintă moleșeala mentală grosieră, maimuța neagră reprezintă agitația grosieră, iar călugărul simbolizează meditatorul.

La început, maimuța neagră are control complet asupra elefantului negru, simbolizând faptul că ești în mod natural controlat de distrageri. Călugărul muncește din greu încercând să își controleze mintea, iar focul simbolizează efortul mare pe care trebuie să îl depună. Datorită efortului perseverent, călugărul începe treptat să controleze elefantul și, printr-o disciplină susținută, începi să depășești agitația. Elefantul începe să se albească, simbolizând începerea îndepărtării moleșelii grosiere prin efortul meditației. Totuși, în acest stadiu, un iepure mic și negru apare pe spatele elefantului, simbolizând moleșeala subtilă. Continuând perseverent practica meditativă, ajungi la stadiul următor, în care maimuța pierde controlul asupra elefantului, dar încă încearcă să te întrerupă ocazional. Aceasta înseamnă că doar ocazional mai ai dificultăți cu agitația și moleșeala.

Treptat, maimuța întrerupe din ce în ce mai rar și călugărul obține tot mai mult control asupra elefantului, care, încet-încet, devine complet alb. În cele din urmă, ajungi la stadiul în care mintea este complet pacificată. Îți controlezi complet mintea și nu te mai lași condus de emoții. Acest lucru este ilustrat prin călugărul care meditează lângă elefantul îmblânzit. Dincolo de acest stadiu, vedem călugărul meditând în timp ce stă pe elefant. În același timp, se văd două curcubeie care ies din inima

Ilustrarea celor nouă stadii progresive ale atenției

călugărului, simbolizând dezvoltarea puterilor supranaturale ca urmare a stăpânirii meditației shamatha. Ai câștigat capacitatea de concentrare a minții într-un singur punct prin dezvoltarea meditației de pătrundere, vipasyana. În funcție de calea pe care o urmezi, poți să progresezi prin diferite etape de aprofundare a înțelegerii, până când, în cele din urmă, ajungi la iluminare.

Potrivit tradiției Theravada, realizarea shamatha folosind respirația ca obiect al meditației te conduce la pragul de experimentare a jhana, stări de concentrare care sunt încă și mai strălucitoare și mai puternice și care conduc în mod direct spre înțelegerea profundă. Buddha a rezumat această cale afirmând că atenția conștientă asupra respirației este „un lucru care, odată dezvoltat și cultivat, va împlini patru lucruri" sau cele *patru baze ale atenției conștiente.* Aceste patru baze sunt descrise ca fiind „patru lucruri care, atunci când sunt dezvoltate și cultivate, vor împlini șapte lucruri" sau cei șapte factori ai iluminării: atenția conștientă, investigarea, energia, bucuria, calmul, concentrarea și echilibrul imparțial. Cele „șapte lucruri, odată dezvoltate și cultivate, vor împlini două lucruri", care sunt adevărata cunoaștere și eliberarea.

Textul afirmă că, de obicei, sunt necesare cel puțin șase până la douăsprezece luni de practică continuă pentru a realiza shamatha, dar acest lucru poate să difere foarte mult de la o persoană la alta. În tradiția Jonang a budismului tibetan, practica se face într-o cameră întunecată cu scopul de a atinge shamatha, iar pentru cei mai buni meditatori acest lucru ar putea dura doar o sută de zile. Totuși, anumite preliminarii sunt de obicei necesare pentru a te angaja în aceste practici tantrice destul de avansate.

CAPITOLUL 3

OBSTACOLE ÎN CALEA PRACTICII MEDITATIVE

A cunoaște obstacolele cu care te poți confrunta în practica meditației este esențial ca să înțelegi care este starea actuală a minții tale și pentru a descoperi cum să depășești emoțiile și stările mentale contraproductive. Obstacolele care apar în timpul meditației sunt aceleași cu cele din viața de zi cu zi, astfel încât, dacă înveți să le depășești îți dezvolți aptitudini foarte utile. A fi conștient de obstacole te ajută, de asemenea, să „începi de unde te afli" și să ai așteptări mai realiste de la practica ta, înțelegând că este nevoie de timp pentru a schimba obiceiuri vechi de o viață. La un nivel mai avansat, te va putea ajuta să identifici cu exactitate în ce stadiu al meditației ai ajuns și cum să procedezi mai departe.

Tradiția Theravada descrie cinci obstacole și anume: dorința senzuală, rea-voința, moleșeala, agitația și remușcările, nesiguranța (sau îndoiala). Toate acestea pot fi depășite prin remedii specifice și sunt complet îndepărtate la un anumit stadiu avansat de meditație. În același timp, în tradiția Mahayana se vorbește despre cinci greșeli în practica meditației, care apar în grade diferite în cele nouă stări ale atenției și care pot fi depășite prin aplicarea a opt antidoturi. Voi descrie pentru început cele cinci obstacole și apoi voi explica cele cinci greșeli împreună cu antidoturile lor. Acestea vor fi urmate de o descriere a celor cinci metode de înlăturare a gândurilor care distrag atenția, potrivit tradiției Theravada.

Cele cinci obstacole în practica meditației.

I. CELE CINCI OBSTACOLE

Cele cinci obstacole slăbesc treptat în intensitate şi, în cele din urmă, sunt înlăturate pe măsură ce avansezi pe calea meditaţiei. Când începi să meditezi şi descoperi cât de mult zgomot este în mintea ta, ele pot să îţi domine complet practica. Dar, pe măsură ce practica ta progresează, obstacolele vor dispărea treptat şi vei descoperi o minte care este în mod natural calmă şi clară.

Cele cinci obstacole sunt:

1. *Dorinţa senzuală*

Aceasta se aseamănă cu un lac liniştit dintr-o pădure, a cărui apă este amestecată cu argilă colorată. Dacă ar fi să-ţi examinezi reflexia feţei în apa lacului, nu ţi-ai recunoaşte-o sau nu ai putea să o vezi clar. Similar, dacă rămâi într-o minte copleşită de dorinţe senzuale şi nu ştii cum să scapi din această stare a minţii, nu reuşeşti să vezi realitatea aşa cum este ea şi nu eşti capabil să-ţi fii de folos ţie sau altora.

Dorinţa senzuală nu se referă doar la dorinţa sexuală necontrolată, ci şi la ataşamentul faţă de obiectele percepute prin cele cinci simţuri: imagini atrăgătoare, sunete, arome, gusturi şi senzaţii tactile. Cheia depăşirii acestui obstacol este să îl abandonezi puţin câte puţin. La început, poţi învăţa să fii atent şi receptiv la obiectele simţurilor fără să reacţionezi şi apoi, treptat, vei fi mai puţin înclinat să fii distras sau „tras deoparte" de aceste obiecte în timpul meditaţiei şi în viaţa cotidiană. Dacă ai foarte multă dorinţă senzuală, îţi poate fi de folos să meditezi asupra aspectelor respingătoare ale corpului. De asemenea, poate fi de ajutor să fii conştient de faptul că extazul cel mai măreţ - urmărit adesea în dorinţa senzuală - poate fi găsit doar atunci când renunţi la toate dorinţele, în meditaţie profundă.

2. Rea-voinţa

Aceasta se aseamănă cu un lac dintr-o pădure a cărui apă este încălzită din adânc şi care bolboroseşte şi fierbe. Dacă ar fi să-ţi examinezi reflexia feţei în apa lacului, nu ţi-ai recunoaşte-o sau nu ai putea să o vezi clar. La fel, dacă rămâi într-o minte obsedată de rea-voinţă, nu vei reuşi să vezi realitatea aşa cum este ea şi nu eşti capabil să-ţi fii de folos ţie sau altora.

Remediul pentru rea-voinţă este să meditezi asupra bunătăţii iubitoare sau metta. Rea-voinţa poate fi îndreptată către tine însuţi, către o altă persoană sau către obiectul meditaţiei. Rea-voinţa faţă de sine este adesea legată de sentimente de vinovăţie, de aşteptări nerezonabile de la tine însuţi, sau de creşterea într-un mediu lipsit de iubire plină de compasiune. Poate fi de folos să îndrepţi bunătatea iubitoare către imaginea ta din tinereţe, către copilul inocent care reprezintă puritatea adevăratei tale naturi. Rea-voinţa îndreptată împotriva altora o poţi contracara amintindu-ţi că toată lumea caută fericirea, la fel ca tine, şi să extinzi cercul metta pentru a-i include pe toţi cei faţă de care eşti apropiat, dar şi pe cei îndepărtaţi. Meditaţia poate părea uneori o corvoadă dacă manifeşti rea-voinţă faţă de obiectul pe care l-ai ales, deci poate fi util să vizualizezi obiectul ca pe un prieten drag şi să înveţi să îl iubeşti şi să îl apreciezi, aşa cum ai face cu singurul tău copil.

3. Moleşeala şi lâncezeala

Acest obstacol se aseamănă cu un lac liniştit dintr-o pădure, a cărui apă este acoperită cu muşchi, alge şi mâzgă. Dacă ar fi să-ţi examinezi reflexia feţei în apa lacului, nu ţi-ai recunoaşte-o sau nu ai putea să o vezi clar. Similar, dacă rămâi în starea de moleşeală şi lâncezeală, nu reuşeşti să vezi realitatea aşa cum este ea şi nu eşti capabil să-ţi fii de folos ţie sau altora.

Cheia pentru depăşirea moleşelii este în primul rând să faci pace cu ea și să nu i te mai împotrivești. În caz contrar, mintea tinde să oscileze haotic între moleșeală și agitație. Dacă ești relaxat și simți cum aluneci în moleșeală, este important să-ți încordezi mintea și să devii vigilent, ca atunci când mergi pe marginea unei stânci. Ai putea, de asemenea, să reflectezi la oportunitatea prețioasă de a-ți dezvolta mintea prin meditație, sau la alte subiecte care te inspiră. Dacă după toate acestea încă te simți obosit, este mai bine să te odihnești decât să forțezi în continuare meditația. Uneori problema nu este moleșeala, ci mai degrabă rea-voința, deoarece avem tendința de a evada în moleșeală atunci când facem ceva care nu ne place.

4. *Agitația și remușcările*

Aceasta se aseamănă cu un lac liniștit dintr-o pădure, a cărui apă agitată de vânt se unduiește și formează valuri mici. Dacă ar fi să-ți examinezi reflexia feței în apa lacului, nu ți-ai recunoaște-o, sau nu ai putea să o vezi clar. La fel, dacă rămâi într-o minte obsedată de agitație și remușcări, nu reușești să vezi realitatea așa cum este ea și nu ești capabil să-ți fii de folos ție sau altora.

Agitația este depășită prin cultivarea unui sentiment de mulțumire și de fericire de a fii liniștit, tăcut și lipsit de așteptări. Acesta te poate ajuta și să destinzi meditația și să te asiguri că ai corpul relaxat. Remușcările sunt legate de o conștiință încărcată, caz în care pot fi contracarate prin iertarea de sine și învățarea din greșeli, știind că oricine poate face greșeli. Mai multe remedii pentru o minte agitată sunt prezentate ulterior.

5. *Nesiguranța sau îndoiala*

Acest obstacol apare când ești copleșit de nehotărâre, incapabil să decizi cum să acționezi și nu vezi unde poate duce acțiunea ta. Se referă la nesiguranța legată de învățăturile lui Buddha, de învățător sau de tine însuți. Este asemenea unui lac liniștit dintr-o pădure a cărui apă este tulbure, agitată și noroioasă. Dacă ar fi să examinezi reflexia feței tale în apa lacului, nu ți-ai recunoaște-o sau nu ai putea să o vezi clar. Din nou, dacă rămâi într-o minte copleșită de nesiguranță, nu reușești să vezi realitatea așa cum este ea și nu ești capabil să-ți fii de folos ție sau altora.

Nesiguranța cu privire la învățăturile lui Buddha poate fi depășită prin examinarea lor și reflectarea asupra beneficiilor de a le urma. Dacă le studiezi și le practici, căutând totodată încurajarea din partea prietenilor spirituali, poți dobândi claritatea minții și încrederea care se bazează pe raționament și pe experiența directă. Nesiguranța în ceea ce privește învățătorul este depășită prin examinarea atentă a acestuia, înainte de a ajunge la concluzia că este demn de încredere. Îndoiala de sine poate fi depășită prin determinare și îndrumare iscusită. Cu toate acestea, trebuie să fii conștient de faptul că aceasta coexistă alături de alte obstacole, cum ar fi moleșeala sau rea-voința față de tine însuți.

Ce se întâmplă dacă prin practică ajungi să depășești aceste obstacole? Acest lucru se aseamănă cu un lac liniștit dintr-o pădure, a cărui apă nu este amestecată cu argilă colorată, nu bolborosește și nici nu fierbe, nu este acoperită cu mușchi sau mâzgă, nu este agitată de vânt și nici nu este tulbure sau noroioasă, ci este curată, cristalină și liniștită. Dacă ar fi să-ți examinezi reflexia feței în apa lacului, ți-ai recunoaște-o în mod clar și ai vedea-o așa cum este. La fel, atunci când realizezi o stare a minții care nu mai este obsedată de dorințe senzuale, rea-voință, moleșeală și lâncezeală, agitație și remușcări sau de nesiguranță, vei vedea realitatea așa cum este ea și vei realiza binele tău și pe al altora.

II. CELE CINCI GREȘELI ȘI CELE OPT ANTIDOTURI

Cele cinci greșeli și cele opt antidoturi ne oferă un cadru eficient pentru a recunoaște și depăși piedicile care interferează cu capacitatea de a medita. Ele descriu diferitele obstacole în calea unei meditații reușite, care apar pe măsură ce progresezi de-a lungul celor nouă stări ale atenției care conduc la shamatha. Cunoașterea acestor greșeli și a antidoturilor lor te ajută să le depășești cât mai rapid și eficient posibil, nu numai în timpul meditației, dar și în viața de zi cu zi.

Cele cinci greșeli includ: lenea, necunoașterea sau uitarea instrucțiunilor, moleșeala și agitația mentală, aplicarea insuficientă sau excesivă a remediilor. Cele opt antidoturi sunt: aspirația, credința, sârguința, flexibilitatea mentală, vigilența, atenția conștientă, aplicarea remediilor și echilibrul imparțial. În continuare sunt descrise cele cinci greșeli împreună cu antidoturile corespunzătoare.

1. Lenea (antidoturi: aspirația, credința, sârguința și flexibilitatea mentală)

Lenea este un obstacol major atât în practica meditativă, cât și în atingerea altor obiective. Ea nu se referă doar la a te plimba de colo colo fără să faci nimic. Putem identifica trei tipuri de lene:

1.1 Automulțumirea

Se manifestă atunci când nu vrei să meditezi sau nu dorești să practici, când îți lipsește dorința sau nu ești interesat de meditație.

1.2 Lipsa de încredere în sine

Se referă la lipsa de încredere în capacitatea de a medita și de a atinge shamatha, sau de a obține orice alte realizări.

1.3 A fi mereu ocupat

Înseamnă să te menții ocupat cu multe activități care nu sunt necesare. Se mai numește și lene activă.

Este vital să fii conștient de aceste tendințe. Lenea poate fi depășită prin dezvoltarea credinței în calitățile excelente ale concentrării meditative și a aspirației de a dobândi aceste calități. Numai atunci vom aprecia suficient de mult practica meditației pentru a face din ea o prioritate în viața noastră. Această credință și această aspirație ne inspiră să dezvoltăm sârguința și efortul plin de bucurie care, în cele din urmă, fac ca mintea să dobândească flexibilitate extatică și ușurința în menținerea stării de atenție. Prin puterea familiarizării, vei obține maleabilitatea fizică și mentală - o flexibilitate unică a corpului și a minții.

Dacă ești descurajat deoarece simți că nu progresezi, poate fi de folos să recunoști efortul incredibil pe care îl depui în alte aspecte ale vieții, care necesită adesea mulți ani, cum ar fi creșterea copiilor sau învățarea unei meserii. Dacă luăm cu adevărat în considerare beneficiile meditației, putem ajunge la concluzia că merită să dedicăm un efort similar pentru a ne dezvolta propria minte.

2. Necunoașterea sau uitarea instrucțiunilor (antidot: atenția conștientă)

Această greșeală înseamnă că nu știi sau ai uitat care este obiectul meditației sau instrucțiunile pe care le-ai primit și astfel mintea se îndreaptă către alte obiecte. Schimbarea de prea multe ori a obiectului meditației, în special într-o singură sesiune, este și ea un obstacol în atingerea concentrării într-un singur punct. Remediul este atenția conștientă, care îți permite să păstrezi obiectul de meditație și te împiedică să uiți instrucțiunile. Atenția conștientă se referă atât la reamintirea instrucțiunilor, cât și la angajarea minții astfel încât să devină „plină" de obiect.

Odată cu atenţia conştientă începi să dezvolţi vigilenţa. Aceasta înseamnă că observând chiar mintea care meditează şi detectând când începe să se îndepărteze de obiect, fie şi într-un mod subtil, poţi să aplici remediul potrivit. Este similar situaţiei în care un comentator relatează ce se întâmplă, dar nu participă la acţiune.

3. Moleşeala mentală şi agitaţia (antidot: vigilenţa)

3.1. Agitaţia grosieră

În timpul etapelor de început ale meditaţiei, mintea este agitată şi hoinăreşte adesea spre obiecte externe. Această agitaţie apare atunci când concentrarea este prea intensă, sau când există multă tensiune în corpul tău, care nu este suficient de relaxat. Când mintea distrasă îşi pierde complet obiectul pe care se concentrează, acest lucru este de obicei destul de uşor de detectat. La început, o minte neantrenată poate avea totuşi nevoie de câteva minute pentru a-şi da seama că a pierdut obiectul. Agitaţia grosieră este asemănată cu deplasarea unui nor, care este recunoscută uşor atunci când apare. În general, în această etapă aplicarea remediului nu este prea dificilă.

Remediu

Există mai multe remedii care sunt potrivite pentru persoane diferite. Poţi să cobori mental obiectul imaginându-ţi că este mai greu, să-ţi aşezi limba în spatele dinţilor inferiori, să închizi ochii pentru un timp, sau să te concentrezi asupra senzaţiilor corporale, relaxând întregul corp. Dacă mintea este prea stimulată şi are nevoie să fie calmată şi potolită, poate fi de ajutor să meditezi asupra unui subiect care să-ţi dea de gândit, cum ar fi natura plină de suferinţă a existenţei ciclice sau iminenţa morţii. O altă tehnică de a îmblânzi mintea este să vizualizezi un punct negru în apropierea scaunul tău. Dacă eşti foarte agitat, exerciţiile fizice te vor obosi şi vor face mintea să rătăcească mai puțin, la fel cum o face și o dietă grea, bogată în grăsimi. La început, gândurile rătăcitoare sunt foarte greu de detectat, dar practicând, cu timpul, o astfel de conștientizare devine naturală.

3.2 Moleșeala grosieră

Aceasta apare când mintea este tulbure sau somnoroasă și când nu există claritate, iar mintea este excesiv de retrasă în interior și pe punctul de a adormi. Aici claritatea se referă la o stare a minții clară, proaspătă și luminoasă și nu la obiectului meditației.

Remediu

Poți să luminezi sau să înalți obiectul meditației ridicând ușor privirea, sau să acorzi mai multă atenție detaliilor sale, ca și cum ai cădea pe de o stâncă dacă ai pierde obiectul. De asemenea, poți înălța mintea amintindu-ți de ceva care o hrănește sau o inspiră, cum ar fi calitățile celor Trei Giuvaieruri, sau poți să mergi într-un loc situat la înălțime, cu o priveliște vastă. O altă tehnică de iluminare a minții este să îți imaginezi o lumină albă la nivelul frunții, între cei doi ochi. Mintea poate fi înviorată și dacă stai într-un loc răcoros unde adie briza, dacă îți stropești fața cu apă, sau dacă faci exerciții în aer liber și ai o dietă ușoară.

Trebuie totuși să ai foarte mare grijă pentru a distinge oboseala datorată lenei sau somnului în exces de oboseala reală, în cazul căreia ai nevoie cu adevărat de odihnă. Este de remarcat și faptul că rea-voința se poate manifesta uneori ca oboseală. Dacă ai cu adevărat nevoie de odihnă, vei continua să te simți istovit în ciuda aplicării remediilor de mai sus. În acest caz, este important să te odihnești, deoarece a te strădui prea mult poate deveni contraproductiv.

3.3 Agitația subtilă

Agitația subtilă este mai greu de recunoscut, întrucât apare atunci când o parte a minții se odihnește confortabil pe obiectul meditației, în timp ce altă parte rătăcește spre alte obiecte, fără să îți dai seama. Aceasta seamănă cu o maimuță ce se mișcă rapid și este mult mai dificil de detectat.

Remediu

Pentru a remedia agitația subtilă trebuie să dezvolți o vigilență deosebit de puternică, care nu poate fi obținută prin mijloace intelectuale, ci doar prin intermediul propriei tale experiențe și prin practică. Prin impulsul dobândit prin practică regulată, mintea ta va putea în cele din urmă să identifice agitația subtilă imediat ce apare și să revină rapid la obiectul meditației.

3.4. Moleșeala subtilă (scufundarea)

Moleșeala subtilă sau scufundarea nu este de obicei recunoscută de începători, deoarece, în general, aceștia sunt prea agitați. Ea poate fi recunoscută doar de meditatorul mai avansat, care are capacitatea de a se concentra mai stabil pe obiectul meditației, de obicei în timpul celei de-a cincea stări a atenției. Moleșeala subtilă apare atunci când obiectul este fixat și există o anumită claritate, dar nu și intensitate, ceea ce înseamnă că există puțină vitalitate sau putere în menținerea obiectului. Această greșeală este mult mai dificil de detectat și eliminat. Este o capcană des întâlnită: mulți meditatori rămân blocați aici, fiind convinși că meditația lor decurge foarte bine.

Remediu

Remediul pentru moleșeala subtilă este dezvoltarea unei intensități deosebit de puternice și vii, care poate fi cultivată doar dacă ai o disciplină incredibilă. Acest lucru nu poate fi descris intelectual, ci doar experimentat de către practicanții cei mai pricepuți.

Poate fi util și să înviorezi mintea reflectând la teme care te inspiră, cum ar fi recunoștința față de învățătorul tău Dharma, beneficiile prețioasei nașteri umane sau aspirația de a atinge iluminarea. Aceste gânduri inspiră şi înalţă mintea.

4. Aplicarea insuficientă a remediilor (antidot: aplicarea remediilor)

Aceasta înseamnă că nu iei suficiente măsuri pentru a corecta mole-şeala, agitaţia sau lenea atunci când apar. Eşuezi adesea în aplicarea remediilor, deoarece eşti prea letargic sau prea mulţumit de tine în-suţi. În aceste cazuri, remediul este să acţionezi şi să aplici antidotu-rile potrivite. Uneori ajută să întrerupi meditaţia, să te plimbi puţin, să întinzi corpul, să îţi stropeşti faţa cu apă rece sau să ieşi la aer cu-rat. Odată întors, este posibil să ţi se pară mai uşor să reiei meditaţia. Să îţi reaminteşti de numeroasele beneficii ale practicii meditative poate, de asemenea, să îţi fie de ajutor.

5. Aplicarea excesivă a remediilor (antidot: echilibrul imparţial)

Aceasta este greşeala de aplicare a remediilor atunci când nu sunt necesare, sau de aplicare a lor în exces. Un exemplu ar putea fi când continui să aplici măsuri corective după ce scufundarea sau agitaţia au fost recunoscute şi eliminate. Antidotul în această situaţie este „echilibrul imparţial". Cu alte cuvinte, lasă lucrurile aşa cum sunt.

Dacă vei memora cele cinci greşeli şi cele cinci antidoturi, medi-taţia ta nu va mai fi o poveste de tip „loveşti şi ratezi", ci mai degrabă un proces dinamic, care sigur îţi va aduce beneficii. Pentru a te antrena să recunoşti aceste greşeli şi să aplici antidoturile, poate fi de ajutor la început să alternezi în mod deliberat între a destinde şi a ascuţi mintea. De exemplu, poţi să respiri de câteva ori adânc gândind „mă relaxez" pe expiraţie, destinzând postura, aşezând limba în spatele dinţilor inferiori, sau vizualizând un punct negru în dreptul perineului. Apoi, să faci câte-va respiraţii gândind „sunt alert" în timp ce expiri, îndreptând postura, plasând limba în spatele dinţilor superiori, sau vizualizând un punct alb pe frunte. Pe măsură ce faci progrese, ajustările vor fi mai puțin frecvente și din ce în ce mai subtile, pentru că vei învăța să recunoști rapid moleșeala și agitația și să dezvolți treptat abilitățile atenției conștiente și vigilența.

III. CINCI MODURI DE A ÎNLĂTURA GÂNDURILE CARE DISTRAG

Tradiția Theravada descrie cinci moduri de a înlătura gândurile care distrag, acestea fiind remedii suplimentare pentru obstacolele care stau în calea practicii meditației. Ele sunt instrucțiuni practice foarte valoroase, care te pot ajuta să depășești gândurile invazive și să îți stabilizezi mintea, fiind relevante nu doar în practica ta meditativă, ci și în viața de zi cu zi. În general, remediile suplimentare sunt eficiente dacă aplicarea celor anterioare a eșuat. Este interesant că acestea cuprind multe din tehnicile care sunt folosite în psihologia modernă.

Cele cinci instrucțiuni sunt:

1. A fi atent la stările mentale virtuoase

Dacă apar gânduri dăunătoare, conectate cu dorința, ura sau amăgirea și dacă tu acorzi atenție altor gânduri care sunt virtuoase, atunci gândurile dăunătoare se diminuează și în cele din urmă sunt abandonate, iar mintea devine stabilă, unificată și concentrată. Acest lucru este asemenea unui tâmplar priceput care extrage un cui gros folosind unul fin.

Două procese mentale opuse nu pot avea loc simultan, la fel cum focul și apa nu pot să existe în același timp. De exemplu, nu poți simți iubire și ură în aceeași clipă. De aceea, concentrarea asupra blândeții iubitoare te va ajuta să depășești ura.

2. A reflecta asupra pericolelor gândurilor care distrag

Dacă gândurile dăunătoare continuă să apară, ar trebui să examinezi pericolele și dezavantajele asociate lor, spunându-ți „Sunt dăunătoare, condamnabile și aduc doar suferință pentru mine și pentru alții". Procedând astfel, orice gânduri dăunătoare se diminuează și sunt, în cele din urmă, abandonate. Acest lucru este asemenea unei femei căreia îi plac bijuteriile și care este dezgustată, șocată și rușinată atunci când vede pielea unui șarpe sau a unui câine atârnând la gâtul cuiva.

Buddha a folosit multe exemple pentru a ilustra pericolele agățării de gânduri și sentimente. Odată, le-a asemănat cu iarba sau stuful de pe marginea râului: deși crezi că te poți agăța de ele ca să te urci pe mal, ele se rup și și tu ești purtat de apă. În Occident, tradiția *terapiei cognitive* ne provoacă să reflectăm la pericolele gândirii într-un anumit mod și să analizăm cum am putea privi lucrurile într-un mod mai realist.

3. A nu acorda atenție gândurilor care distrag

Dacă încă mai apar gânduri dăunătoare, ar trebui să încerci să uiți de ele și să nu le mai acorzi deloc atenție. Astfel, ele se diminuează și sunt în cele din urmă abandonate. Acest lucru este asemenea unei persoane care are o vedere foarte bună, dar care, nedorind să vadă formele care intră în raza sa vizuală, închide ochii sau se uită în altă parte.

Aceasta înseamnă că ne putem antrena să nu ne lăsăm prinși sau absorbiți de gânduri și emoții dureroase. Nu înseamnă că le eviți, ci mai degrabă că ele se află încă acolo, la periferia conștientizării tale, dar tu refuzi să te scufunzi în sau să le lași să îți afecteze viața. În Occident, această tradiție numită *Terapia acceptării și angajamentului* are o varietate de „tehnici de dezamorsare" pentru a micșora impactul gândurilor care distrag atenția.

4. A domoli formarea gândurilor

Dacă gândurile dăunătoare continuă să apară, ar trebui să acorzi atenție opririi procesului de formare a acestora. Procedând astfel, orice gânduri dăunătoare se diminuează și, în cele din urmă, sunt abandonate. Acest lucru este asemenea unui om care merge repede gândindu-se „De ce merg repede? Cum ar fi dacă aș merge încet?" și se hotărăște să meargă mai încet. Apoi se gândește „De ce merg încet? Cum ar fi dacă aș sta?" și rămâne stând în picioare. Apoi se gândește „De ce stau în picioare? Cum ar fi dacă m-aș așeza?" și se așază. În cele din urmă, se gândește „De ce stau așezat? Cum ar fi dacă m-aș întinde?" și se întinde. Procedând astfel, renunță la posturile mai grosiere preferând posturi din ce în ce mai subtile. La fel, acordând atenție domolirii formării gândurilor, gândurile dăunătoare sunt diminuate și, în cele din urmă, abandonate.

În Occident există multe tehnici care se bazează pe atenția conștientă (*mindfulness*) și pe conștientizarea relaxată, care îi ajută pe oameni să își calmeze mintea, care devine astfel mai puțin afectată de gânduri care distrag atenția.

5. A strivi mintea cu mintea

Dacă gânduri și emoții dăunătoare continuă să apară, pasul final este de a lovi și „strivi" mintea cu mintea, cu dinții strânși și cu limba apăsată pe cerul gurii. Acest lucru se aseamănă cu un om puternic care apucă un alt om, mai slab, de cap și de umeri și îl trântește la pământ, imobilizându-l și strivindu-l. Similar, gândurile dăunătoare sunt diminuate și în cele din urmă abandonate.

Tehnica amintește de abordarea tantrică în lucrul cu emoțiile puternice. Precum un doctor priceput care poate să transforme otrava în medicament, tot așa și noi putem învăța să recunoaștem energia brută a emoțiilor fără să le asociem cu o poveste, fără să le suprimăm sau să le urmăm impulsiv. De exemplu, în loc să te lași luat pe sus de furie și să ajungi să faci acțiuni violente sau fapte rușinoase, poți recunoaște claritatea intensă și grija puternică aflate chiar în inima furiei. Poți să rămâi cu această emoție până când se dizolvă, exact ca un surfer pe creasta unui val. În Occident există tehnici similare pentru a accepta sau „elibera" emoțiile intense, în loc să le eviți sau să te scufunzi în ele.

Aceste cinci metode de îndepărtare a gândurilor care distrag atenția oferă o perspectivă nouă asupra modului în care pot fi depășite piedicile în practica meditației, dar și asupra modului în care pot fi depășite stări-le emoționale conflictuale din viața de zi cu zi. Familiarizarea cu aceste tehnici te poate ajuta substanțial în practica meditației, în special atunci când emoții puternice ies la suprafață.

CAPITOLUL 4

MEDITAȚIA ANALITICĂ

I. CE ESTE MEDITAȚIA ANALITICĂ?

În timp ce shamatha pune accentul pe calmarea, unificarea și concentrarea minții, scopul meditației analitice, sau *vipasyana*, este de a trezi mintea prin examinarea naturii experienței noastre. Când are la bază fundația unei minți calme, acest proces îți permite să reunești numeroasele concepte din filosofia budistă într-o singură înțelegere unificată. În acest mod, investigarea minuțioasă și dobândirea înțelegerii conceptuale a acestor subiecte construiesc un fundament pentru realizarea înțelegerii profunde *non-conceptuale* sau *directe*. Astfel, poți să vezi direct cele Patru Nobile Adevăruri și cele Patru Sigilii. Impermanența, suferința și lipsa sinelui sunt atunci în interiorul tău, parte a experienței tale.

Există multe niveluri diferite de înțelegere profundă, iar fiecare nivel poate fi benefic în obținerea unei viziuni mai realiste și mai pline de compasiune asupra realității. Totuși, doar cel mai înalt nivel va conduce la eradicarea deplină a emoțiilor și stărilor mentale perturbatoare. Pentru a realiza aceasta, trebuie să atingi un nivel extrem de rafinat de concentrare — cel puțin shamatha. Deși concentrarea momentană poate oferi o frântură sau o „experiență fulger" a înțelegerii directe, în special dacă urmezi o cale devoțională, acest lucru nu este suficient pentru a depăși perturbările dacă nu ai și de o minte puternică și stabilă.

Această afirmație este susținută de Shantideva, marele maestru Mahayana:

Realizând că cine este bine înzestrat cu vipasyana
elimină perturbările mentale prin shamatha,
ar trebui să cauți mai întâi shamatha.

În mod similar, Asanga afirmă că de îndată ce este realizată shamatha, practicantul trebuie să-și concentreze atenția asupra minții într-un singur punct. Tradiția Theravada este de acord că cerința minimă pentru adevărata înțelegere interioară profundă (cunoscută și ca *intrarea în flux*) este mintea shamatha, întrucât aceasta este temporar liberă de obstacole. Totuși, poți realiza o pătrundere mai profundă cu ajutorul stărilor de concentrare și mai rafinate, numite jhana.

Acest lucru nu înseamnă, totuși, că ar trebui să „amâni" meditația analitică până când vei fi realizat shamatha. În primul rând, înainte de a te angaja pe cale, este crucial să dezvolți o bună înțelegere conceptuală a principiilor budiste esențiale („vederea corectă"), cum ar fi cele Patru Nobile Adevăruri, cele două adevăruri, precum și fundamentul, calea și rezultatul, acestea oferindu-ți o hartă clară despre cum poți să ajungi la destinație. În al doilea rând, este de ajutor să reflectezi în permanență la acestea și să îți întărești motivația pentru practicarea căii („intenția corectă"), contemplând subiecte cum sunt impermanența și bunătatea iubitoare. Această intenție este cea care determină rezultatul practicii tale. În al treilea rând, o înțelegere de bază a înțelepciunii budiste poate fi de mare folos practic în viața ta de zi cu zi, deoarece te poate ajuta să fii mai puțin reactiv, mai înțelept și mai apropiat de ceilalți.

Procesul meditației analitice, indiferent de nivelul tău, presupune ceea ce este cunoscut sub numele de *cele trei instrumente ale înțelepciunii*: prima dată auzi sau citești o anumită învățătură, apoi o studiezi sau o contempli și în al treilea rând meditezi, cu convingere în semnificația ei, prin concentrarea într-un singur punct, făcând-o „parte din tine". Acest

ultim pas este ceea ce se înțelege de fapt prin meditație, întrucât ai în-
vățat deja despre ea și i-ai contemplat semnificația, iar acum meditezi
pentru a o face să fie stabilă în mintea ta. De aceea, urmezi un proces
gradual, stabilind la început înțelepciunea prin ascultare, apoi înțelep-
ciunea prin contemplare, ceea ce conduce în cele din urmă la înțelepciu-
nea prin meditație.

Mai întâi voi descrie o metodă eficientă de analiză a oricărui subiect
pe care îl alegi și apoi voi explora cum putem folosi meditația analitică
pentru a înțelege o varietate de subiecte prezentate în această carte, abor-
dând atât adevărul relativ, cât și adevărul ultim.

II. PROCESUL MEDITAȚIEI ANALITICE

Pentru a transforma un anumit subiect în obiect de meditație, trebuie în
primul rând să îl formulezi sub formă de întrebare (de exemplu, „Există
un sine în corpul meu?") și apoi să îți îndrepți mintea pentru a investi-
ga cum ți se aplică ție această întrebare în lumina tuturor învățăturilor
pe care le-ai studiat. Ar trebui să continui să faci acest lucru până când
apare o *senzație* de certitudine și claritate (de exemplu, faptul că mintea
mea are doar obiceiul să se identifice cu corpul în anumite ocazii, dar nu
există deloc un „sine" în corp!). Apoi, poți să lași deoparte analiza și să
te odihnești în această senzație de certitudine atâta timp cât durează ea,
rămânând într-o stare mai receptivă a minții.

Gândurile discursive vor apărea inevitabil și poți folosi aceasta ca
pe un indiciu pentru a începe din nou analiza, fie asupra aceluiași su-
biect, fie asupra unuia nou, folosindu-ți gândurile într-un mod contro-
lat. Când experimentezi din nou o senzație de certitudine și convingere,
odihnește-te din nou, la fel ca mai înainte. În acest fel, poți alterna între
meditația analitică și meditația de odihnă, aprofundându-ți și rafinân-
du-ți treptat înțelegerea, pregătindu-te astfel să experimentezi realitatea
non-conceptuală a vacuității.

Jamgon Kongtrul oferă câteva îndrumări utile despre cum se poate alterna meditația analitică și meditația de odihnă în lucrarea sa *Tezaurul cunoașterii:*

Dacă datorită analizei intense, capacitatea de a te odihni se
  deteriorează,
Fă mai multă meditație de odihnă și refă nemișcarea.
Dacă datorită odihnei prelungite nu mai dorești să analizezi,
  Fă meditație analitică pentru a întări claritatea minții.

Astfel, dacă prin practica meditației analitice descoperi că mintea devine agitată, ar trebui să îi permiți să se liniștească, relaxând din nou corpul și practicând o vreme meditația de concentrare într-un singur punct. Dacă meditația de odihnă te conduce la moleșeală, poți să crești claritatea mentală prin reluarea analizei. Mai mult decât atât, când te obișnuiești cu acest proces de alternare între analiză și odihnă, vei ajunge în cele din urmă la un stadiu în care nu mai este necesară atât de multă analiză pentru a da naștere certitudinii. De aceea, este important să pui accentul pe analiză atunci când începi să practici și doar mai târziu, când vei avea mai multe realizări, să sari rapid la meditația de odihnă.

III. MEDITAȚIA ANALITICĂ ȘI CELE DOUĂ ADEVĂRURI

Folosind instrumentul meditației analitice, poți contempla orice subiect către care alegi să îți îndrepți mintea. Calea budistă este structurată în așa fel încât ne încurajează să vedem adevărul relativ și adevărul ultim ca fiind la fel de importante și, prin urmare, ar trebui să le contempli pe amândouă, fără a-l neglija pe unul în detrimentul celuilalt. „Adevărul relativ" este modul în care vedem realitatea cotidiană, în timp ce „adevărul ultim" este natura adevărată a acestei experiențe. Acestea sunt precum cele două aripi ale unei păsări, una nu poate fi pe deplin dezvoltată fără

Jamgon Kongtrul

cealaltă. La început ar trebui să pui accentul pe contemplarea la nivelul adevărului relativ, întrucât acesta este cel mai relevant pentru experienţa ta, iar mai târziu vei putea să pui accentul mai mult pe adevărul ultim. Iluminarea este atunci când descoperi că, în realitate, nu există nicio separare între adevărul relativ şi cel ultim.

1. *Adevărul relativ*

Dobândirea înţelegerii la nivelul adevărului relativ este esenţială dacă doreşti să atingi iluminarea, întrucât aceasta determină creşterea motivaţiei şi modul în care acţionezi în lume. Mai precis, nu poţi realiza renunţarea fără a contempla în mod profund subiecte precum impermanenţa, suferinţa, karma, preţioasa viaţă umană, beneficiile eliberării şi luarea refugiului. Dacă urmăreşti iluminarea completă, este esenţial să contempli şi să dezvolţi bodhicitta, dorinţa plină de compasiune de a conduce toate fiinţele către eliberare, ştiind că poţi să îndeplineşti această dorinţă doar dezvăluindu-ţi propria natură de Buddha. În plus, dacă urmezi o cale tantrică, este crucial să înţelegi importanţa supremă a învăţătorului Dharma şi să contempli semnificaţia devoţiunii şi a percepţiei pure, acestea fiind preliminarii esenţiale pentru toate practicile tantrice.

Contemplarea bunătăţii iubitoare, sau *metta*, este foarte utilă pentru oricine. Prin această contemplare poţi dobândi convingerea că toate fiinţele sunt în egală măsură demne de iubire şi compasiune, exact ca tine. Un exemplu al unei astfel de contemplări apare in *Metta Sutta*:

> *Fie ca toate fiinţele să fie fericite şi liniştite. Fie ca minţile lor să fie mulţumite. Oricum ar fi fiinţele însufleţite - slabe sau puternice, înalte, corpolente sau de înălţime obişnuită, scunde, mici sau mari, văzute sau nevăzute, locuind departe sau în apropiere, născute sau care urmează să se nască - fie ca toate, fără excepţie, să fie fericite şi liniştite!*

*Fie ca nimeni să nu înșele pe altul sau să-l disprețuiască, ori-
unde s-ar afla. Din furie și rea-voință, fie ca nimeni să nu doreas-
că să se întâmple ceva rău altuia. Precum o mamă care își prote-
jează singurul copil riscându-și viața, fie ca toți să cultive inima
infinită care să cuprindă toate ființele. Fie ca gândurile de iubire
nemărginită să cuprindă întreaga lume - deasupra, dedesubt și
peste tot - fără piedici, fără ură și fără dușmănie.*

O contemplare similară bazată pe tradiția tibetană este urmă-
toarea:

*Începe prin a recunoaște că toate ființele, la fel ca tine, caută
fericirea și cauzele ei. Amintește-ți de cineva care îți este apropiat,
de o persoană neutră și de cineva pe care l-ai putea considera duș-
man și gândește-te că toți, în mod egal, caută fericirea și doresc să
evite suferința. Apoi concentrează-ți atenția asupra persoanei de
care ești apropiat, amintește-ți de bunătatea ei față de tine și gân-
dește-te: "Doresc să fie fericită...Dacă ar putea fi fericită!". Apoi
gândește-te la persoana neutră: „Doresc să fie fericită...Dacă ar
putea fi fericită!". Apoi gândește-te la persoana pe care o consideri
dușmanul tău, sau la cineva căruia poate îi porți ranchiună: „Do-
resc să fie fericită...Dacă ar putea fi fericită!". De asemenea, poți
să te gândești la un copil mic care te reprezintă pe tine - inocent,
pur și care merită toată iubirea plină de compasiune din lume:
„Doresc să fie fericit...Dacă ar putea fi fericit!".*

*Apoi poți să incluzi și alte persoane în contemplarea ta, si-
milar felului în care adaugi înregistrări într-o foaie de calcul pe
computer, extinzând bunătatea iubitoare la membrii familiei, la
vecini, la cei care sunt în imediata ta apropiere, la oamenii din
țara ta și, în cele din urmă, din întreaga lume, îmbrățișând toate
ființele vii, fără excepție. Poate vei dori să combini aceasta cu o
vizualizare a unei lumini roșii sau roz care iese dintr-un trandafir*

aflat în centrul inimii tale și îți umple întregul corp. Poți apoi să extinzi această lumină în exterior, pentru a cuprinde împrejurimile, atingând toate ființele simțitoare cu lumina și căldura bunătății iubitoare.

2. Adevărul absolut

Analiza profundă a adevărului absolut este al doilea aspect vital al căii budiste, întrucât o înțelegere conceptuală corectă a vacuității sau a lipsei sinelui te asigură că nu te abați niciodată de la calea corectă. Pe măsură ce progresezi pe cale, experiența ta începe să corespundă cu această înțelegere și, în cele din urmă, poți să renunți la „înțelegerea conceptuală", în același mod în care părăsești o barcă pe malul râului după ce ai ajuns pe cealaltă parte a acestuia.

Din perspectiva Theravada, există o multitudine de abordări sau „uși" pentru a înțelege adevărul absolut („vederea corectă"), dar esența tuturor acestora o reprezintă *cele Trei Semne ale Existenței*: impermanența (*anicca*), suferința (*dukkha*) și lipsa sinelui (*anatman*). De exemplu, cele cinci agregate care alcătuiesc corpul și mintea - forma, senzația, percepția și memoria, formațiunea mentală și conștiința sunt percepute ca fiind efemere, incontrolabile și lipsite de substanță. Observăm și că obiectele simțurilor, organele de simț, conștiințele senzoriale și orice experiență pe care o avem, au aceste trei caracteristici. Contemplarea celor patru baze ale atenției conștiente conduce în mod natural la realizarea impermanenței, suferinței și a lipsei sinelui, similar cu ultimele patru instrucțiuni din învățăturile lui Buddha referitoare la *Anapanasati*:

Inspir conștient de impermanență,
    expir conștient de impermanență.
Inspir conștient că totul dispare,
    expir conștient că totul dispare.

Inspir conştient de eliberare,
expir conştient de eliberare.
Inspir şi las să plece,
expir şi las să plece.

În tradiţia tibetană există mai multe abordări pentru a înţelege vacuitatea, însă toate urmează Madhyamika sau filosofia Căii de mijloc. Aceste contemplări te conduc să înţelegi nu doar lipsa de sine a persoanei, ci şi interdependenţa tuturor fenomenelor. În tradiţia Gelug se pune accentul pe *inseparabilitatea dintre vacuitate şi originea dependentă.* Deoarece fenomenele sunt lipsite de existenţa adevărată, ele apar într-un proces de origine dependentă şi, deoarece sunt apariţii dependente, le lipseşte existenţa adevărată sau substanţială. Pe de altă parte, tradiţia Jonang a ajuns la aceeaşi înţelegere analizând *cele trei naturi.* Baza vacuităţii *naturii atribute* este *natura dependentă,* iar baza vacuităţii naturii dependente este *natura primordială* sau *ultimă.*

Tradiţiile Kagyu şi Nyingma se concentrează pe o abordare mai directă a întrebărilor în meditaţie pentru a pătrunde în adevărata natură a minţii. Iată un exemplu prescurtat al unei astfel de contemplări, care se bazează pe învăţăturile *Mahamudra* ale celui de-al nouălea Karmapa:

Priveşte natura minţii când este nemişcată sau liniştită şi întreabă: Are ea culoare, formă sau contur? Are un început, un sfârşit, o durată, sau nu? Natura sa este o stare de opacitate completă sau este o strălucire clară şi vie?...

La fel, lasă un gând sau o emoţie să apară şi examinează-i natura: Există un loc din care apare, un loc în care durează sau un loc în care încetează? Se află în exteriorul sau în interiorul corpului? Natura gândului sau a emoţiei este o conştientizare luminoasă şi clară? Există o diferenţă între aceasta şi conştientizarea luminoasă pe care ai văzut-o în mintea liniştită?...

Apoi ar trebui să examinezi mintea reflectând manifestările şi în relaţie cu corpul: Când reflectă o manifestare (formă, sunet, gust şi aşa mai departe), sunt mintea şi manifestările două lucruri separate? Dacă nu, care este relaţia dintre ele? Corpul şi mintea sunt la fel, sau diferite?...

În cele din urmă, ar trebui să examinezi împreună natura minţii liniştite şi pe cea a minţii în mişcare: Mintea liniştită şi mintea în mişcare apar alternativ? Mintea liniştită este ca un câmp şi mintea în mişcare apare precum recolta care creşte pe câmp? Sau cele două sunt asemenea unei frânghii şi colacului pe care îl formează frânghia (în sensul că nu poate exista colac separat de frânghie)?

În acest fel ajungi să înţelegi natura minţii, sau vacuitatea, prin intermediul *celor patru înţelegeri:* natura minţii când este liniştită (înlăturarea subiectului), natura minţii în mişcare (înlăturarea obiectului), natura minţii în relaţie cu manifestările şi cu corpul (înlăturarea atât a subiectului cât şi a obiectului) şi, împreună, natura minţii liniştite şi a minţii în mişcare (nu se înlătură nici subiectul, nici obiectul).

O abordare similară, care implică o înţelegere profundă treptată, este folosită în tradiţia Zen (sau Chan). Aceasta se realizează prin folosirea *koan*-urilor pentru a străpunge mintea conceptuală, cum ar fi: „*Care era chipul meu original înainte să mă nasc?* ", sau a *mu* (răspunsul dat de un mare maestru Zen la întrebarea: „*Un câine are natura de Buddha?*"; înţelesul literal al lui *mu* este „nu"). Aceste contemplări nu pot fi rezolvate prin raţionament logic, ci doar printr-o înţelegere profundă non-conceptuală şi prin verificarea sistematică de către maestru a înţelegerii profunde a discipolului.

În esenţă, instrumentul meditaţiei analitice îţi permite să aprofundezi înţelegerea atât a adevărului relativ cât şi a adevărului absolut şi să vezi cum se raportează acestea la propria ta experienţă. Poţi, treptat, să vezi cum înţelegerea profundă legată de adevărul relativ te duce la o înţelegere mai profundă a adevărului absolut, deoarece cu cât dezvolţi mai mult renunţarea şi compasiunea, cu atât mai mult poţi să apreciezi natura interdependentă a realităţii şi să devii mai „lipsit de sine". În schimb, când realizezi că nimic nu există în mod substanţial şi independent, dobândeşti un respect profund, iubire şi compasiune pentru ceilalţi.

CAPITOLUL 5

OBIECTE DE MEDITAȚIE AVANSATĂ

I. CONȘTIENTIZAREA DESCHISĂ CA OBIECT DE MEDITAȚIE

În timp ce înțelegerea adevărată poate fi obținută cu siguranță prin meditație analitică, există și o altă abordare care poate fi preferată de unele persoane: meditația bazată pe *conștientizare deschisă* sau *așezarea minții în starea ei naturală*. Asemenea meditației asupra respirației, această metodă se potrivește foarte bine celor a căror minte este predispusă agitației și gândirii compulsive. Totuși, pentru a te angaja corect în aceste practici, este adesea necesar să finalizezi anumite practici preliminare.

După ce ai atins un anumit grad de concentrare, poți să te concentrezi și să îți menții atenția conștientă asupra naturii propriei tale experiențe, fără să ai nevoie de un obiect de meditație. Astfel, poți să îți lași mintea să se elibereze de toate tiparele ei obișnuite și, treptat, să se așeze în starea ei fundamentală. Acest proces poate fi întărit dacă deschizi ochii și te concentrezi pe spațiul gol din fața ta, doar privind și urmând pur și simplu gândurile, emoțiile, percepțiile, amintirile și senzațiile, pe măsură ce apar și se dizolvă înapoi în spațiul gol, fără a te lăsa prins în ele.

În *Satipathana Sutta* din tradiția Theravada se vorbește despre atenția conștientă asupra fenomenelor, în care sunt incluse cele cinci agregate, cele cinci obiecte de simț și obiectele conștientizării. O interpretare a acesteia este să lași mintea să se relaxeze într-o stare de „atenție conștientă deschisă", observând pur și simplu mintea în timp ce obiectele apar și se dizolvă înapoi în starea de conștientizare deschisă. În tradiția Zen există o practică similară cunoscută sub numele de *shikan-taza*, care adesea completează folosirea *koan-urilor* ca obiecte de meditație.

În tradiția Tibetană există diferite tehnici de meditație care folosesc conștientizarea deschisă ca obiect. Un text din tradiția Kagyu oferă următoarele instrucțiuni pentru a face față gândurilor care apar:

> *Nu are importanță ce gânduri apar, doar recunoaște-le pentru ceea ce sunt, așezându-ți atenția asupra lor, fără să te gândești „trebuie să le blochez", sau să te simți fericit sau nefericit. Doar privește-le cu ochiul conștiinței discriminatorii, recunoscând că ele sunt doar un joc al minții și lăsându-le să treacă fără să te agăți de ele... ca o paradă de personaje care defilează pe o scenă.*

În tradiția Nyigma acest lucru este uneori cunoscut ca *nemișcare, mișcare și conștientizare*, instrucțiunile pentru meditație fiind următoarele:

> *Recunoaște mișcarea în timp ce rămâi în nemișcare,*
> *Când mișcarea apare, păstrează fundamentul nemișcării,*
> *Când nu mai există nicio distincție între nemișcare și mișcare,*
> *Aceasta este introducerea în concentrarea într-un singur punct.*

De aceea, ori de câte ori apare o mișcare, nu trebuie să îngheți nemișcarea sau să împiedici mișcarea, în schimb recunoaște mișcarea imediat ce apare. Apoi, prin simpla recunoaștere a mișcării, în timp ce păstrezi fundamentul nemișcării, mișcarea se va dizolva înapoi în nemișcare. În cele din urmă, poţi să atingi un stadiu vibrant în care mişcarea poate apărea în nemişcare şi nemişcarea poate să apară în timpul mişcării, întrucât mişcarea nu produce nicio distragere.

Starea minţii obţinută prin această practică este caracterizată prin trei calităţi: extaz, luminozitate şi non-conceptualitate. Mintea este asemenea cerului, vastă şi spaţioasă. La orice se mişcă prin el, nori, curcubeie sau fulgere, cerul nu reacţionează. Asemenea cerului, poţi să te antrenezi să fii atent la orice apare în minte, fără să te agăţi de nimic. Continuarea acestei practici poate conduce la shamatha şi apoi la înţelegere profundă directă, pe măsură ce descoperi treptat cele trei calităţi ale minţii iluminate: esenţa sa goală, natura conştientă şi compasiunea atotpătrunzătoare.

În tradiţia Jonang, starea de conştientizare deschisă non-conceptuală este concentrarea asupra practicii tantrice shamatha în camera întunecată. Postura specială, cu ochii larg deschişi privind în întuneric la nivelul frunţii, este o metodă tantrică foarte eficientă de a „forţa" mintea să intre într-o stare non-conceptuală şi pentru a o folosi ca obiect pentru concentrarea într-un singur punct. Spre deosebire de metodele din majoritatea celorlalte tradiţii, procesul de „a pune întrebări despre natura minţii" nu este necesar. Aceasta este o metodă extraordinară, care evidenţiază caracteristicile subtile, profunde şi unice ale căii tantrice.

Un comentariu final este acela că practica de conştientizare deschisă (sau orice practică meditativă) poate fi îmbunătăţită dacă petreci un timp după meditaţie pentru a-ţi aminti experienţele prin care ai trecut. Poţi fie să îţi notezi experienţele într-un jurnal, fie să le discuţi cu un partener, sau să petreci câteva minute amintindu-ţi cum a decurs meditaţia şi care au fost gândurile, emoţiile, asocierile, experienţele senzoriale, imaginile mentale şi amintirile pe care le-ai avut. Acest tip de *conştientizare retrospectivă* îţi poate mări semnificativ capacitatea de a menţine conştientizarea pe tot parcursul practicii tale meditative.

II. STĂRILE JHANA CA OBIECT DE MEDITAȚIE

Jhana sunt stări de absorbție completă ale minții, extrem de rafinate și extatice, care pot fi experimentate după ce ai realizat shamatha. Există opt stări jhana care pot fi atinse în succesiune și care includ patru *jhana cu formă* (în care e prezent un tip subtil de formă) și patru *jhana fără formă* (în care nu există limite ale conștiinței și în care percepția oricărui tip de formă a dispărut). Pentru a intra în aceste stări este nevoie să abandonezi complet controlul, iar durata pe care o petreci în aceste stări depinde de „impulsul" concentrării pe care ai stabilit-o. Cele patru jhana cu formă te pot duce în stări mai profunde de concentrare decât shamatha și, de aceea, pot să te ajute să îți dezvolți înțelegerea, în timp ce cele patru jhana fără formă nu sunt, în general, la fel de utile.

Intrarea în stările jhana este descrisă în al doisprezecelea stadiu din *Anapanasati sutta*:

> *Inspir eliberând mintea,*
> *expir eliberând mintea.*

Potrivit acestor instrucțiuni, intrarea într-o jhana este un proces de eliberare completă a minții, care presupune scufundarea sau plonjarea în obiectul mental subtil pe care te concentrezi în meditație. În mod alternativ, o lumină strălucitoare poate să te învăluie, însoțită de un sentiment de extaz, pentru că intri într-o stare complet extatică, dar stabilă și pe deplin conștientă. În timp ce ești absorbit în această stare, nu ai niciun simț al localizării spațiale, inclusiv a ceea ce se întâmplă cu corpul tău, nu poți auzi, vedea sau simți nimic.

Potrivit învățăturilor budiste, stările jhana echivalează cu experimentarea tărâmurilor *formei* și ale tărâmurilor *fără formă*, unde se spune că ființele renasc dacă se familiarizează puternic cu aceste experiențe meditative și devin atașate de ele. Totuși, dacă nu ești atașat de aceste experiențe și abordezi practica având o viziune și o intenție corecte, stările jhana pot fi obiecte de meditație extraordinare. În special cele patru jhana cu formă pot să te ajute să dobândești o concentrare extraordinară într-un singur punct, iar după această experiență poți ușor să pătrunzi adevărul impermanenței, suferinței și lipsei sinelui.

Mintea obținută prin practica shamata este un tip de minte din tărâmul formei. Ea este descrisă ca o etapă pregătitoare sau o cale de acces pentru realizarea primei jhana. După ce aceasta a fost realizată, prima jhana este atinsă prin șapte stadii preliminare care urmează după shamatha. Fiecare dintre cele patru jhana cu formă are șapte stadii preliminare (cunoscute sub numele de cele șapte plasări ale atenției) și pot fi atinse doar prin avansarea treptată, secvențială, prin aceste stadii. Descrierile care urmează sunt doar explicații aproximative, întrucât se referă la stări și calități foarte subtile ale minții care pot fi realizate după ce este experimentată shamatha. Descrieri mai amănunțite sunt disponibile, dar ele depășesc obiectul acestei cărți (de fapt, călugării tibetani dedică în mod tradițional mulți ani studiului acestui subiect).

Cele șapte stadii ale plasării atenției sunt:

1. Atenția inițială
În acest stadiu, atenția specifică este de a începe conectarea cu starea jhana.

2. Atenția care discerne
Acest stadiu are o mare putere de discriminare, bazată pe integrarea studiului și reflecției.

3. Atenția generată de credință
Mintea dobândește acum o calitate specială a convingerii.

4. *Atenția izolată*
În acest stadiu, mintea are o atenție complet liberă de distragerile subtile.

5. *Atenția bucuriei sau a retragerii*
Calitatea acestei minți este de a invita bucuria înăuntrul său și de a experimenta bucuria copleșitoare.

6. *Atenția analitică*
Calitatea minții în acest stadiu este cea a investigației și a înțelegerii subtile.

7. *Atenția finală care integrează*
Stadiul final reprezintă contemplarea calităților în vederea atingerii stării *jhana propriu-zisă.*

După ce a apărut din meditație una dintre aceste stări jhana, poți să o recunoști prin identificarea unui set specific de calități. Aceste calități descriu o stare a minții care devine treptat mai subtilă și acționează ca antidot pentru cele cinci obstacole: moleșeala, îndoiala, rea-voința, agitația și remușcarea și dorința senzuală. Deși aceste calități sunt descrise folosind anumite cuvinte, ele sunt mult mai subtile și mai înalte decât ceea ce pot să indice cuvintele obișnuite. Prima jhana are patru calități: investigarea și analiza, bucuria, extazul și concentrarea într-un singur punct. Atingând a doua jhana, prima calitate încetează, astfel încât rămâi cu mintea odihnindu-se într-o stare de bucurie, extaz și concentrare într-un singur punct. A treia jhana este caracterizată de o stare de extaz și de concentrarea într-un singur punct, iar în a patra jhana rămâne doar concentrarea într-un singur punct sau imparțialitatea. Concentrarea este cea mai rafinată în a patra jhana și, de aceea, este incredibil de puternică.

Dincolo de a patra jhana cu formă, meditatorul poate experimenta cele patru stadii *jhana* fără formă: spațiul nelimitat, conștiința nelimitată, nonexistența și trecerea dincolo de percepție. Totuși, în general, aceste stadii nu sunt foarte benefice, deoarece mintea este extrem de subtilă și îi lipsește concentrarea dezvoltată în stările jhana precedente. A doua dintre aceste stadii, conștiința infinită, poate acționa în unele cazuri ca o trambulină pentru a realiza vacuitatea, deși celelalte stadii sunt, în general, un obstacol în calea dezvoltării adevăratei înțelepciuni. Această calitate a minții în jhana fără formă nu are aproape nicio percepție, fiind doar o formă sau o experiență subtilă a minții, care îl poate proiecta pe meditator către o renaștere într-un tărâm fără formă, unde nu se experimentează nicio formă fizică: fără sunet, miros, gust sau senzație.

După ce ai atins shamatha, ai capacitatea de a observa că prima jhana este mult mai subtilă decât mintea shamatha însăși. Percepând natura subtilă și liniștită a acestei minți, ești inspirat să continui să practici cu sârguință pentru a realiza cel mai fin nivel al stărilor jhana cu formă. Odată obținută absorbția în prima jhana, ești inspirat să accesezi și să fii absorbit în a doua, a treia și a patra jhana. După ieșirea din aceste stări, un grad înalt de stabilitate și intensitate este transpus în activitățile zilnice, când mintea se întoarce în tărâmul dorinței. În timpul meditației abandonezi temporar gândurile și emoțiile perturbatoare care caracterizează tărâmul dorinței; între sesiuni ele vor continua să apară, dar cu o frecvență, o intensitate și o durată mai reduse.

Concentrarea puternică realizată în stările jhana deschide, de asemenea, ușa către obținerea clarviziunii și a puterilor supranaturale. Îndreptând mintea către reamintirea vieților trecute, poți obține percepția directă a multor existențe anterioare, rememorând natura experienței tale în fiecare dintre ele. Poți, de asemenea, să dezvolți „ochiul divin", care vede direct procesul morții și renașterii ființelor și cum se mișcă acestea prin diferitele tărâmuri ale existenței ca urmare a acțiunilor lor. În plus, poți dezvolta auzul divin, cunoașterea minții celorlalți și abilități supranaturale care permit controlul asupra celor patru elemente, cum ar fi deplasarea prin obiecte solide, mersul pe apă sau zborul în spațiu. Totuși, dezvoltarea acestor cinci tipuri de capacități extrasenzoriale nu înseamnă că ai obținut eliberarea.

Realizarea diferitelor stări jhana poate conduce la renaștere în diferite tărâmuri ale formei și ale lipsei de formă. Cu toate acestea, meditatorii budiști nu caută, în general, renașterea în aceste tărâmuri, pentru că acolo, de obicei, nu se posibil să se practice calea lui Buddha. Nașterea în aceste tărâmuri este liberă de suferința grosieră, dar, ca toate lucrurile, și acest tip de existență trebuie să aibă un sfârșit. Cum aceste locuri nu sunt neapărat cele mai bune pentru practică, o astfel de naștere poate fi o irosire a karmei pozitive. Există totuși cazuri excepționale ale unor practicanți budiști care caută renașterea în aceste tărâmuri, pentru a-și pacifica rapid perturbările care trebuie să apară mai târziu, prin eradicarea tendințelor acestora. Există, de asemenea, un stadiu al realizării în calea Theravada cunoscut sub numele de *fără întoarcere*, dincolo de care practicantul renaște spontan într-un tărâm al formei și atinge în acea renaștere nirvana.

REFERINȚE

Detalii despre practicile prezentate în acest text pot fi citite în următoarele cărți:

Bikkhu Bodhi (ed). *In the Buddha's Words: An Anthology of Discourses from the Pali Canon* (Boston: Wisdom 2005).

John Barter. *Mindfulness Meditations with John Barter.* Set de două CD-uri. (Sydney 2009).

Ajahn Brahm. *Mindfulness, Bliss and Beyond: A Meditator's Handbook* (Somerville: Wisdom 2006).

Ajahn Chah. *A Still Forest Pool: The Insight Meditation of Ajahn Chah.* Compilat de Jack Kornfield și Paul Breiter (New York: Quest, 1986).

Sfinția Sa Dalai Lama. *How to See Yourself As You Really Are: A Practical Guide to Self-Knowledge* (London: Rider, 2006).

Al Nouălea Karmapa Wangchuk Dorje. *The Mahamudra: Eliminating the Ignorance of Darkness.* (Dharamsala: Library of Tibetan Works and Archives, 2002).

Shar Khentrul Jamphel Lodro. *Dezvăluirea adevărului vostru sacru prin calea Kalachakra, volumele 1 – 3* (Melbourne: Tibetan Buddhist Rime Institute, 2016).

B. Alan Wallace. *The Attention Revolution: Unlocking the Power of the Focused Mind* (Boston: Wisdom 2006)

Despre autor

Khentrul Rinpoche Jamphel Lodrö este fondatorul şi directorul spiritual al asociaţiei Dzokden. Rinpoche este autorul a numeroase cărţi, printre care: Unveiling Your Sacred Truth, The Great Middle Way: Clarifying the Jonang View of Other-Emptiness, A Happier Life şi The Hidden Treasure of the Profound Path.

Rinpoche şi-a petrecut primii 20 de ani din viaţă ca păstor de iaci şi cântând mantre pe platourile din Tibet. Inspirat de bodhisattva, el şi-a părăsit familia pentru a studia în mai multe mănăstiri, sub îndrumarea a peste douăzeci şi cinci de maeştri din toate tradiţiile budismului tibetan. Datorită abordării sale non-sectare, el şi-a câştigat titlul de Maestru Rimé (imparţial) şi a fost identificat ca reîncarnarea celebrului maestru Kalachakra Ngawang Chözin Gyatso.

Deşi în centrul învăţăturilor sale se află recunoaşterea faptului că există o mare valoare în diversitatea tradiţiilor spirituale din întreaga lume, el se concentrează asupra tradiţiei Jonang-Shambhala. Învăţăturile Kalachakra (roata timpului), transmise de regii Kalki din Shambhala, conţin metode profunde de armonizare a mediului nostru exterior cu lumea interioară a corpului şi a minţii. Această tantra are o conexiune directă cu karma Pământului nostru şi va conduce la Era de Aur a Păcii şi Armoniei (Dzokden). Khentrul Rinpoche a făcut din răspândirea acestor preţioase învăţături în cât mai multe limbi misiunea vieţii sale, astfel încât să putem transforma cu adevărat lumea noastră, pornind fiecare dintre noi de la propriul interior spre exterior.

Shar Khentrul Jamphel Lodrö

Viziunea lui Rinpoche

Dzokden a fost fondată cu scopul expres de a-l sprijini pe Khentrul Rinpoche în realizarea viziunii sale de a aduce în această lume Era de Aur a păcii și armoniei. Pe măsură ce comunitatea noastră continuă să crească și să se dezvolte, tot mai mulți oameni se implică în acest efort extraordinar.

Pentru a vă oferi o idee a domeniului de aplicare a viziunii lui Rinpoche, putem să menționăm opt obiective care reflectă prioritățile pe termen scurt și lung ale lui Rinpoche:

Țeluri imediate

În cele din urmă fericirea de durată, autentică, este posibilă doar printr-o transformare personală profundă. Acum, mai mult ca niciodată, avem nevoie de metode pentru a ne dezvolta înțelepciunea și pentru a ne realiza potențialul maxim. De aceea Rinpoche acordă o prioritate atât de mare pe conservarea Liniei de descendență Jonang Kalachakra. Sunt patru modalități prin care Rinpoche își propune să facă acest lucru:

1. **Crearea oportunităților de a vă conecta cu Linia de descendență autentică și completă Kalachakra, în strânsă colaborare cu meditatori dedicați din îndepărtatul Tibet.** Scopul nostru este să creăm tot suportul practicării Kalachakra în conformitate cu instrucțiunile maeștrilor autentici ai Liniei, care au sus-

ținut această tradiție de mii de ani. Facem aceasta comandând statui și picturi, scriind cărți și oferind învățături în toată lumea. Punem un accent deosebit pe asigurarea autenticității materialelor noastre, bazându-ne pe experiența profundă a meditatorilor deosebit de realizați, care își dedică viața acestor practici.

2. **Stabilirea unor centre internaționale de retragere pentru studiul și practica Kalachakra.** Pentru a integra învățăturile în mintea noastră, este crucial să avem oportunitatea de a ne angaja în perioade de practică intensivă. Prin urmare, lucrăm pentru a crea infrastructura necesară care să sprijine și să ajute membrii comunității noastre să se angajeze atât în retrageri pe termen scurt, cât și pe termen lung. Aceasta include achiziționarea de terenuri și construirea a tot ceea ce este necesar pentru desfășurarea retragerilor de grup și solitare. Scopul nostru pe termen lung este să dezvoltăm o rețea de astfel de centre în întreaga lume, formând o comunitate globală care să sprijine o mare varietate de practicanți.

3. **Traducerea și publicarea textelor unice și rare ale maeștrilor Kalachakra.** Sistemul Kalachakra a fost subiectul a nenumărate texte de-a lungul lungii istorii tibetane. Până acum, doar o mică parte din aceste texte au fost traduse și au devenit accesibile în Occident. Deși textele teoretice sunt importante, ne propunem să ne concentrăm în special pe instrucțiunile fundamentale care vor ghida practicanții dedicați către o experiență mai intensă a acestor învățături profunde.

4. **Dezvoltarea instrumentelor și programelor pentru o experiență de învățare structurată.** Având grupuri de studenți distribuite în întreaga lume, credem că este important să profităm la maximum de tehnologiile moderne pentru a facilita studenților

noștri procesul de învățare. Scopul nostru este de a dezvolta o platformă educațională online robustă, care să permită comunității noastre internaționale să acceseze programe de studiu de calitate, intuitive, structurate și captivante.

ȚELURI PE TERMEN LUNG

Deși fiecare lucrează individual pentru atingerea păcii și armoniei supreme în propria sa minte, nu trebuie să pierdem din vedere faptul că trăim în contextul unei lumi cu o mare diversitate de oameni. Aceste persoane dau naștere la o mare varietate de credințe și practici care, la rândul lor, modelează modul în care ne raportăm unii la alții și interacționăm unii cu alții. În această realitate interdependentă, este vital să găsim strategii viabile pentru a promova o mai mare toleranță și respect. În acest scop, Rinpoche propune patru domenii specifice de activitate:

1. **Promovarea dezvoltării filozofiei Rimé prin dialogul cu alte tradiții.** Din dorința de a fi membri constructivi ai unei societăți pluraliste, noi trebuie să învățăm modalități de a ne reconcilia diferențele. În acest scop, ne propunem să ajutăm oamenii să dezvolte calitățile pozitive care promovează o atitudine de respect reciproc, deschidere către idei noi și o dorință iscoditoare de a ne depăși ignoranța.

2. **Oferirea de sprijin financiar practicanților dedicați, contribuind astfel la dezvoltarea unor modele de înaltă realizare.** Pentru a asigura autenticitatea tradițiilor noastre spirituale, este imperativ să existe oameni care să obțină cele mai înalte realizări. Prin urmare, ne propunem să creăm un program de burse care să îi sprijine financiar pe practicanții autentici, care doresc să-și dedice viața dezvoltării spirituale, indiferent de sistemul lor

de practică. Cei care sunt ajutați astfel să integreze învățăturile, devin modele pozitive pentru cei din jur, inspirând și ghidând generațiile viitoare.

3. **Actualizarea marelui potențial al practicantelor prin dezvoltarea de programe de formare specializate.** Cultura tibetană are o istorie lungă de cultivare a unor maeștri foarte realizați, prin pregătirea intensivă a celor cărora li se recunoaște un potențial mare. Din păcate, prea adesea căutarea potențialului s-a concentrat doar pe candidații bărbați. Rinpoche crede că este din ce în ce mai important să avem modele feminine puternice, înalt realizate, care pot ajuta la crearea unui echilibru mai mare în lumea noastră. Din acest motiv, lucrăm la dezvoltarea unui program unic de formare pentru a oferi femeilor oportunitatea de a-și actualiza potențialul spiritual. Scopul nostru este să proiectăm un curriculum specializat, precum și de a asigura infrastructura financiară pentru a sprijini pe deplin toate aspectele educației lor.

4. **Promovarea prin programe educaționale moderne, a unei flexibilități mentale mai mari și a înțelegerii mai largi a realității.** Într-o lume care evoluează rapid, trebuie să regândim tipurile de competențe pe care le predăm copiilor noștri. Structurile rigide din trecut adesea sunt nu sunt utile spre a pregăti elevii pentru provocările cu care se vor confrunta în timpul vieții. Prin urmare, ne propunem să dezvoltăm o varietate de programe educaționale care pot ajuta copiii să devină mai flexibili și mai adaptabili la context. O parte importantă a acestor programe constă în dezvoltarea unei mai mari conștientizări a rolului pe care mintea noastră îl joacă în experiențele noastre de zi cu zi. De asemenea, ne propunem să reformăm sistemul de învățământ monahal, astfel încât să fie mai relevant pentru această

lume modernă.

Cum vă puteți oferi sprijinul?

Țelurile de mai sus nu vor putea să fie realizate fără sprijinul și participarea dumneavoastră. O viziune de asemenea amploare necesită mult merit și generozitate din partea multor binefăcători, de-a lungul multor ani. Dacă doriți să vă oferi sprijinul, vă rugăm să nu ezitați să ne contactați.

Dzokden
3436 Divisadero Street
San Francisco, California 94123
United States of America
www.dzokden.org